明石市の好循環「子ども」から始めれば「経済」も回る

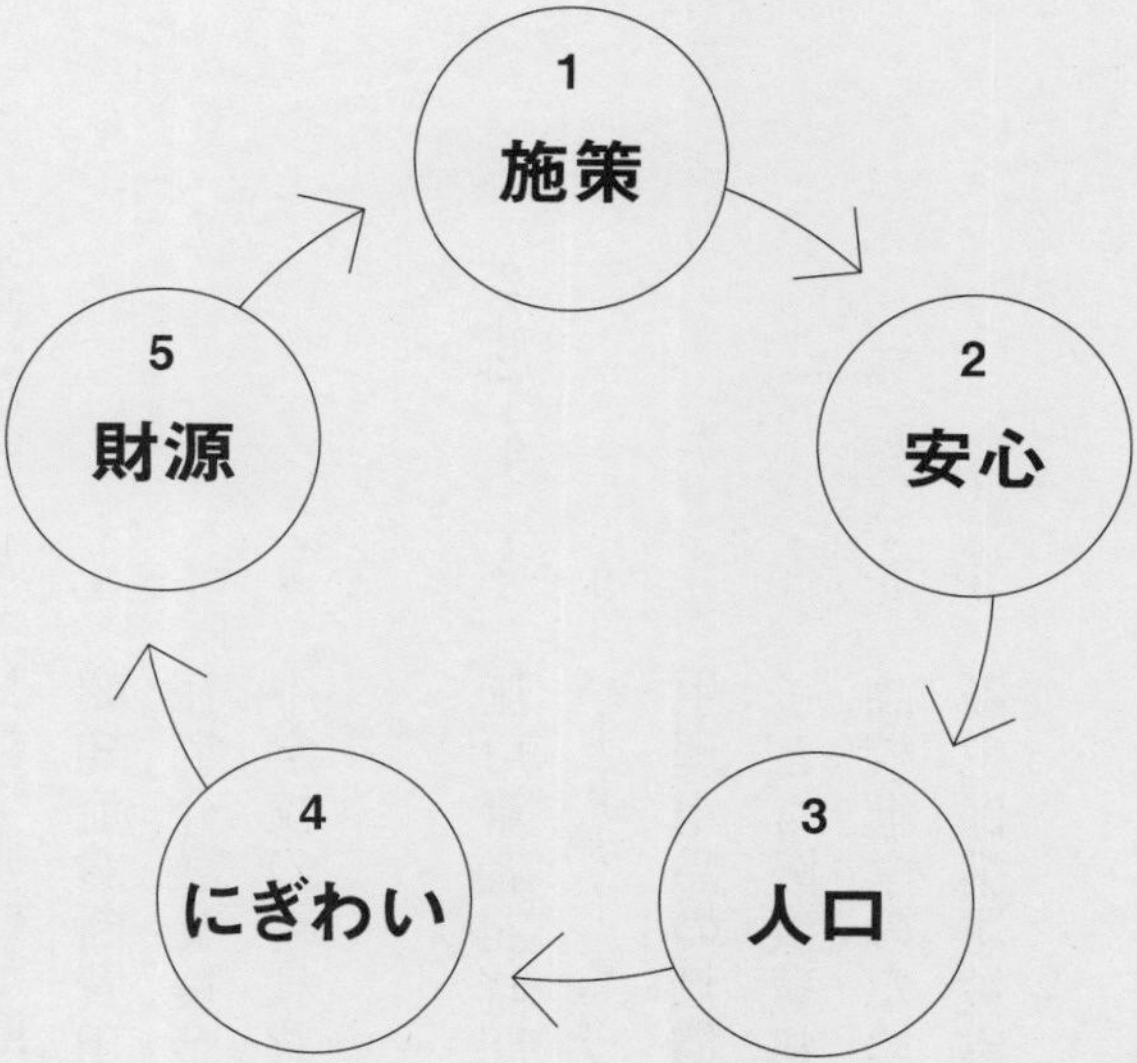

- **10年**連続人口増
- 人口増加率 中核市で全国**第1位**
- 地価**7年**連続上昇
- 明石駅南側の新規出店**2.4倍**
- 税収**8年**連続増
- 基金残高5
- 市民満足度

本当に
住みやすい街
大賞2022 in 関西
第１位

子育てに関する
自治体サービスが
充実している自治体
ランキング関西-2022-
第１位

市版SDGs
生活満足度2020
関西１位
全国２位

全国戻りたい街
ランキング2021
第１位

人口増加率　中核市で全国第1位

2020年

1月　おむつ無料定期便
1月　認知症診断費用無料化
1月　在宅介護支援金支給
4月　中学校の給食費無料化

2021年

1月　無戸籍者24時間相談ダイヤル
1月　パートナーシップ・ファミリーシップ制度
4月　生理用品の無償配布
7月　子ども医療費無料化を18才まで拡大
7月　高校進学のための給付型奨学金、無料学習支援
12月　優生保護法被害者支援条例

参議院に参考人として呼ばれる

2022年

4月　水上バイク条例
4月　インクルーシブ条例
12月　ジェンダー平等条例

日本の政治を
あきらめていた
すべての人へ

社会の変え方

明石市長
泉房穂

はじめに

「冷たい社会」への復讐を誓ったのは、小学生のころのことだ。

こんな冷たい社会の中で、生きていたくはない。このまち、この社会を少しはやさしくしてから死んでいきたい。

子ども心に自分自身に対して、固くそう誓った。以来、怒りの炎を燃やし続けながら生きてきたような気がする。

周りの誰かが悪いとは、ちっとも思わなかった。ともだちも先生も近所の人たちも、誰も悪い人じゃなかったから。でも、世の中はやさしくなかった。両親は一生懸命に働き続けたが、生活は楽にはならなかった。弟は本当にいいやつなのに、障害があるというだけでノケモノにされた。

誰かじゃなくって、何かが間違っている。世の中の何かが間違っているに違いない。その間違いをなんとかしたい。そのために賢くなりたい。強くなりたい。そして、やさしくなりたい。そう願い続けて生きてきた。

「人は生まれながらにして平等」なんて言うが、それは嘘っぱちだ。世の中は、生まれる前から、あまりに不平等だ。そして、その不平等はさらに広がっている。「努力してがんばれば報われる」なんて言ったりもするが、それもまた嘘っぱちだ。実際は、報われない努力のほうがはるかに多い。

でも、いやだからこそ、せめて平等な機会のある社会を目指そうと思った。だからこそ、せめて自分だけでも、報われない努力を愛する政治家になろうと思った。

あれから50年もの月日が流れ、私も今年、明石市長3期12年の任期満了を迎える。自分なりには精一杯がんばってきたが、しょせん1人の人間にできることは限られており、自分の適性や能力の問題もあり、さまざまな意見があることも承知しているつもりだ。もっとも、「やさしい社会を明石から」との思いで、市長として取り組んできた12年間の軌跡は、なんらかの参考にしていただけるようにも思う。

私がずっと言い続けてきた「やさしい社会を明石から」の「明石から」には、2つの意味がある。

1つは、たとえ国がしなくても、また全国の他のどこのまちがしなくても、まずは「明石から始める」という意味。みんなが無理と思い込んでいることでも、いわゆるファーストペンギンとして、最初にやってみせるという覚悟。

そしてもう1つは「明石から広げる」という意味。明石のまちでできることは、全国のどこのまちでも実現可能で、広がっていくべき取り組みだということ。そして本来は、国でこそやるべきことであり、明石という1つの自治体の取り組みが、いずれは国のベーシックな取り組みになってしかるべきものだという趣旨。

これまでの3期12年間で、「明石から始める」については、ある程度は具体化できたように思っているが、「明石から広げる」については、周辺の自治体などでの方針転換は始まっているものの、全国的には残念ながらまだまだこれからの段階。その動きを加速させる一助となることを強く願い、この本を世に出すことにした。

全国のみなさん、ぜひご一読のほど。

目次

1章

「子どものまち」から始まる好循環 ——なぜ人が集まり、経済も上向くのか？

2章

「お金の不安」と「もしもの不安」に向き合う
――まちのみんなで「寄り添う」支援

3章 「お金」と「組織」の改革
――明石でできたことは、全国でもできる

4章

誰かの困りごとを みんなのセーフティネットに変える

5章　コロナ禍で見えた自治体のあり方

6章 望ましい政治に変えるために私たちは何をすればいいのか?

「どんな選挙をしたか」と
「どんな政治をしているか」は、深くつながっている。
〝政党〟や〝業界団体〟に担がれて選挙をやれば、
そちらを向いた政治になる。
市民とともに選挙をやって勝ち切れば、
「市民のための政治」が可能になる。

序章　原点は、冷たい社会への「復讐」

貧困と差別 闘いの始まり

私が生まれ育った明石市の二見町《ふたみちょう》は、瀬戸内海に面した小さな漁師町。私も漁師の子です。貧乏自慢をする気はありませんが、今から思えば、それなりに貧乏だったように思います。

4つ下の弟が障害をともなって生まれてきたのは、1967年のこと。そのときから、私たち家族の闘いは始まりました。

生まれ落ちた弟の顔は真っ青。チアノーゼ（酸欠状態）で息も絶え絶え。障害が残ることは明らかだったようで、そんな弟を前に、病院は両親に冷酷に告げました。

「このままにしましょう」。つまり「見殺しにしよう」ということです。

病院がなぜそんな対応をしたのか。

当時、日本には「優生保護法」という法律がありました。「不良な子孫の出生を防止する」。つまり、これ以上障害者を増やさないことを目的に、国を挙げて障害のある方に強制的に不妊手術や中絶手術を行う、差別施策を推進していたのです。

さらに兵庫県では、その法律以上の差別施策が全国に先がけて展開されていました。「不幸な子どもの生まれない県民運動」。

1966年、当時の兵庫県知事が旗振り役となり、そのための組織を県庁内に立ち上げ、力を入れて取り組んでいました。

障害のある子どもを「不幸」と決めつけ、「そんな子は生まれる前に、ないしは、生まれたらすぐに命を終わらせよう」という運動。今の時代からすれば信じがたいことかもしれませんが、歴史的な事実です。そんな社会的圧力の中で、医師は当然のように弟を「生まれなかったことにしよう」と言ったのです。

兵庫県の運動は1972年まで、優生保護法は1996年まで続きました。

国や県が制度をつくり、強制的に人の命を奪う。たった30年前まで、とんでもないルールがあたりまえとされていました。それが、私たちの暮らす日本社会だったのです。

小学校卒業と同時に漁に出た父と、中学校卒業で女工を経て結婚した母です。行政の方針に沿った病院の対応に、抵抗できるわけはありません。

けれども「最期のお別れを」と言われて弟を見たとき、堪え切れず、「どうか命だけは」と泣き崩れ、「家に連れて帰りたい」と懇願したそうです。

なおも冷たく説得を続ける病院は「障害が残ってもいいのか?」と問い質しました。それでもいい。両親は腹をくくりました。「覚悟しています」。そして、弟を私が待つ自宅へと連れて帰ってきたのです。

冷たい社会への「復讐」、この言葉が自分の原点にある気持ちに一番近いように思います。

少数派を無視する社会

命を救われた弟ですが、障害が残りました。2才のときには、脳性小児麻痺で「一生起立不能」と診断されています。

当時、障害を持つ子どもを診てくれる医師は限られていたので、弟と同じ病院で、同じようなお子さんがおられた他の家族にも出会いました。両親はその家族らとともに手を取り合って、障害のある子どものための運動を始めました。

その小さな運動は、ある意味、明石における福祉活動の原点と言えるかもしれません。そして、明石市内にあった母子寮の一部屋を借り、障害のある子どもたちとその家族のための居場所をつくったのです。

私も学校の帰りや休みにそこに立ち寄り、弟や他の障害のある子どもたちといっしょに時間を過ごしました。

日中は近くの小学校で全員が健常者の中で生活し、放課後には障害のある子どもたちの中で1人だけ五体満足の自分がいる。一方には自由に走り回れて、しゃべることができる子どもばかり。そこでは「もっと速く走れ」「早く書け」と求められる。もう一方には、歩くこともできず、言葉を発するにも苦労している子どもたちがいて、歯を食い縛っている世界がある。部屋の片隅で、学校では感じることのない少数者としての感覚、疎外感を覚えながら、「いったい、どっちが本当なのか?」と考えるようになりました。

自分が多数派である世界と、少数派である世界を同じ日に行き来する日々です。どこにいても同じ自分のはずなのに、立場も気持ちも異なる状況に置かれてしまう。人は誰も、常に多数派でもなく、常に少数派でもない。おそらくそうなのだろうと思ったりもしました。

環境や見方が違えば、誰もがどちらにもなりえます。実はみんなが両方に属しているのです。多数派のルールだけで物事を絶対視するのはどうなのか。漠然と疑問に感じていました。

障害を持つ子どもたちはたくさんいる。だけど、そういった少数派は存在しないかのようにして成り立っている変な社会が目の前にある。実際に存在するのに、そんな子はいないかのような扱いをしている学校が「嘘っぽい世界だ」とも感じていました。「何かがおかしい。何かが間違っている。きっと世の中の何かが間違っているに違いない」。

子ども心に、そう思えてなりませんでした。

同じ社会に生きているのに、多数は居心地が良くても、もう一方の少数派はしんどい思いをしている。両方の立場を行き来していた者として、こんないびつな社会のあり方が、まともだとは到底思えなかったのです。

なぜ別々なのか。なぜ分けないといけないのか。いっしょで何が問題なのか。みんないっしょで、いいじゃないか。

多数派に合わせておけば足りるのが「あたりまえ」の社会がずっと続いていくのな

ら、少数派はどうすればいいのか。少数者を存在しないかのように扱うことで、世の中のいったい誰が幸せになるというのか。

そんなことを平然と続けている社会、そこにある「あたりまえ」を変えたい。次第に強くそう考えるようになっていきました。

弟が小学校へ通うために誓約書に書かされた2つの条件

弟に「一生起立不能」の診断が下された直後でした。

弟の前途を悲観した母は、弟といっしょに身を投げて死のうとしました。無理心中を図ろうとしたのです。でも、未遂で終わりました。

「あんたがおるから、あんたを残しては死に切れんかった」。

後になって、母からそう聞かされました。

そこからの両親は無茶苦茶でした。弟を何がなんでも歩かせようと強引なことをしたのです。

リハビリの知識などほとんどないのに、家の中で弟に歩かせる訓練を始めました。本当に無茶苦茶でした。「とにかく歩け」と無理やりに弟を立たせては転び、転んでは立たせての繰り返し。ときに弟の膝から血がにじんでいました。それでも「とにかく歩けるようにするんや」と、毎日毎日やり続けました。

その結果だと思ってはいませんが、「一生歩けない」と言われた弟は、4才のときに奇跡的に立ち上がれるようになりました。そして、5才のときには、どうにか歩けるようにまでなりました。なんとか小学校の入学までには間に合ったのです。

弟もこれでみんなと同じ地元の小学校に通える。家族みんなで本当に喜びあったものです。

ところが、忘れもしません。そんな私たち家族に、行政はこう告げてきたのです。「歩きにくいのなら、遠くの養護学校（現在の特別支援学校）へ行ってください」と。

家から養護学校までは、電車とバスを乗り継いでしか行けません。それなのに、障害があるのに、それを理由に、わざわざ「家から遠い学校に通え」と、冷たく言ってきたのです。

「そんなことできるわけないやんか！」唖然《あぜん》としました。

当時の行政には、障害のある子どもを受け入れるという発想がなかったのかもしれません。障害者は普通じゃないから、別々にするのが当然で、むしろその方が障害者のためだというような態度でした。

「歩けるようにもなっているのに、おかしいやないか！」両親は行政に掛け合いました。必死の訴えが届いたのか、トラブルが大きくなるのを避けたかったのかはわかりませんが、なんとか弟の入学は認められることになりました。

ただし、条件がつきました。

両親は誓約書に一筆を書かされることになりました。

1つは「何があっても行政を訴えません」。そしてもう1つは「送り迎えは家族が責任を持ちます」。

選択の余地はなく、私たち家族は行政から出された条件を受け入れざるをえませんでした。それでようやく、私と同じ地元の小学校への通学が許されたのです。

弟の送り迎えは、4つ上の私がすることになりました。両親は朝早くから漁に出てしまっていたからです。

私は自分のランドセルとカバンの中に、弟の分を合わせた2人分の教科書を入れて、弟には空のランドセルを背負わせて毎日通いました。毎日が戦場に赴くような気持ちだったのを覚えています。

正門をくぐったすぐ横にトイレがあり、毎朝そこに着いたら、端っこの個室に入って鍵を閉めて、弟のランドセルに教科書を移しかえました。そして「がんばってこいよ」と言って、弟を教室に送り出す毎日でした。

本人の幸せは本人が決めると知った

弟が小学校に入学して間もないころ、学校行事で潮干狩りに行く機会がありました。全校生徒での遠足です。1年生の弟も、5年生の私もみんなといっしょに遠浅の砂浜へと繰り出しました。

なんとか歩けるようにはなっていた弟ですが、足元は不安定な水を含んだ砂地です。

その浅瀬で弟は転んでしまいます。そして、自分では起き上がることができませんでした。水の深さはわずか10センチほどでしたが、弟はそこで溺れてしまったのです。状況を察した私が駆けつけ弟を起こし、大事には至りませんでしたが、周りにいっぱい人がいたのに「どうしてすぐに起こしてくれなかったのか」との思いは、拭い去れませんでした。今となっては、誰にも悪気はなく、どう対応していいのかわからなかっただけなのだとは思いますが、そのときは悲しくて悔しくて唇を噛みしめました。帰り道、ずぶ濡れになった弟の手を引いて、2人で家に帰る途中、涙をこらえて見上げた曇り空は、今も心に焼きついています。

歩くのがやっとで、1年生のときの運動会は黙って見ていただけの弟でしたが、2年生になり、急に「運動会に出たい」と言い出しました。「そんなもん走れるか」と、私は当然のように反対しました。「笑いものにされるだけや」と。

ましてや潮干狩りで危ない目にもあっているのです。父も母も止めようとしました。「歩けるようになって、学校に通えて、それで十分やないか。これ以上、周りに迷惑をかけるわけにいかんやろ」。

それでも弟は泣きじゃくり「絶対に出たい」と言って、聞き入れません。あまりにも弟が言い張るので、結局、形だけ参加ということで運動会に出ることになりました。

当日、小学2年生の部の50メートル走で、いよいよ弟が参加する順番。

「ヨーイ」「ドン」とピストルが鳴り、みんなが走り出し、次々にゴールに駆け込んできました。私はゴール近くの席に座っていたこともあり、全体がよく見渡せるところから見ていましたが、弟はヨロヨロとよろけるような動きで、まだスタートから10メートルぐらいしか前に進んでいませんでした。

「恥ずかしい。みっともない」。そのときの私の正直な気持ちでした。

ところが、弟の顔に目をやったとき、自分の目を疑いました。

笑っていたのです。満面の笑みで、うれしそうに。1人取り残されながらも、ゆっくりと前に進んでいたのです。本当にいい顔をしていました。

「ええ顔してるな」。これまでに見たこともないような笑顔をしている弟を見た瞬間、私はそれまでのすべてが引っくり返るような思いがしました。そして、涙がボロボロと止めどなくこぼれてきたのです。

「弟のため」と言いながら、本当のところは、自分が周りから笑われたくなかっただけなのかもしれない。「たとえ恥ずかしくても、みっともなくてもかまわないから、弟の気持ちを大切にすべきだったのに」と思うと、涙が止まりませんでした。

自分のことが情けなく思えて仕方がありませんでした。

たとえ周りに迷惑をかけるかもしれなくても、兄として、とことん弟の味方であるべきだったのに。理不尽な冷たい社会に対して、家族として闘ってきたはずなのに。兄として弟のことを理解しているつもりだったのに。

「一番冷たかったのは、この自分だったのかもしれない」。そのようにさえ思えてきました。

本人の幸せを決めるのは、他の誰でもなく、本人。親や兄でもなく、本人。本人の人生の主人公は、あくまでもその本人。その後の私のスタンスを決定づけたエピソードの1つです。

「返しなさい」という母の言葉に、本気で返そうと思った

心の奥底にずっと突き刺さったままの言葉があります。

それは、母から言われた「返しなさい」の一言です。

最近になって、もしかしたらその言葉がある意味、自分の原動力だったのかもしれないと思ったりすることもあります。

母が弟と無理心中を図るも死にきれず、家族の新たな闘いが始まったころのことです。母は私にこう言いました。

「房穂、返しなさい。あんたも1人分で普通でよかったのに、どうして弟の分まで持って生まれてきたの。弟に半分返してあげて」。

立ち上がることもできず、話すことにも苦労していた弟に対して、兄の私は、勉強も運動もクラスで一番のような状況だったのです。

母が私にそう言ったのは、おそらく1度だけだと思いますが、それ以来、私の中で「申し訳ない。なんとか返したい」というできもしない思いが、どんどんと膨らんでいっ

たように思います。

「自分の手足を引きちぎってでも返さなきゃならない」。テストで100点をとっても素直には喜べず、かえって「申し訳ない。ごめんなさい」と心の中で言い続けてきたようにも覚えています。

勉強も運動も人一倍努力はしたつもりです。

でも、弟や他の障害のある子どもたちが「歩けるようになろう」「言葉を話せるようになろう」と必死にがんばる姿を見ながら、「自分の努力なんて、それに比べたらたいした努力じゃない」とも思っていました。

いくらがんばっても歩けるようになるとは限らず、話せるようになるとも限らない。それでもがんばり続ける姿に、努力が報われたり報われなかったりすることの不公平さを強く感じたものです。

2人分、稼ぐために東大へ

母からは、幼いころから「私らが死んだ後は、あんたが弟の面倒を最後まで見なあかんから、2人分稼げるようになってな」とも、繰り返し言い聞かされてきました。

精一杯、勉強して東大に行きました。

子ども時代の私にとって、勉強というのは、両親を楽にさせてあげるため、弟の面倒を見続けていくための自分に課せられた使命だと思っていました。

ときどき「勉強しましたか?」と聞かれることがありますが、もちろん必死に勉強しました。世の中には勉強しなくても賢い人もいるのかもしれませんが、少なくとも私はそうではありません。本当に必死に勉強しました。日本全国の受験生全員の中で、今の自分が一番勉強しているはずだと胸を張れるくらいには、勉強したつもりです。

自分がここでがんばらないと、助けられる人も助けられなくなってしまう。私が賢くなって、力を持って、世の中を良くしないと、救える命も救えなくなってしまう。

そんな私の姿勢には、父との対比も大きく影響していました。

父は、小学生のときに兄3人が戦死してしまったこともあって、小学校卒業と同時に漁に出て、家族を支えるしか選択肢のない人生を歩んできていました。

中学校にも行かせてもらえず、朝から晩まで働きづめ。学校の宿題すらやらせてもらえなかったようです。それに比べて自分は本当に恵まれていると思いました。小学生のころ、両親に「海に行って漁の手伝いをしなくてもいいの？　宿題してもいい？」と尋ね、「いいよ」と言われると「ありがとう」と答えていたくらいです。感謝の気持ちで、勉強を続けたのです。

もっとも、家庭の事情は厳しく、塾に行くような余裕はありませんでしたし、参考書や問題集も必要最低限しか買いませんでした。図書館も近くになかったので、結局、近くの本屋さんで参考書を立ち読みしながら、独学で大学受験をしました。

ありがたかったのは、その本屋の親父さんが、私のために店の片隅に小さな机とイスを用意してくれたことです。

私が大学に合格した後、親父さんは「わしが通してやったんや」と周りに言っていたそうですが、まさにそのとおりで、あのときのご恩には今も感謝しています。

おかげさまで合格となり、入学金も授業料もすべて免除にしていただきました。返済不要の奨学金も複数いただき、親からの仕送りもなく大学を卒業できたのは、今となっては幸運な時代だったと思います。

今の時代だと、おそらく同じようにはいきません。経済的に厳しい家庭にとって、私たちの社会はどんどん冷たくなっていっています。

両親に言った。「うちの家だけよくなったら、それで終わりか？」

1982年、大学に入学しました。

東大に行けば、社会を良くしたいとの志を同じくするような仲間がきっと見つかるはずだ。田舎者で世間知らずだったこともあり、単純に考えて東大に行ったのです。

ところが実際は、そうではありませんでした。

裕福な家庭に育ち、塾に通って、進学校に入り、家庭教師に勉強を見てもらって合格したような学生が多く、ほとんどが現状維持的思考の持ち主。

つまり、今の社会に満足している者が大半でした。

もっとも、私が入った駒場寮という学生寮については例外で、経済的に厳しい状況を前提に入寮できることもあり、世の中を良くしたいという思いの学生も一定数いたのです。

その東大駒場寮で寮委員長に立候補したのは、大学1年の秋のことです。当時の駒場寮は長らく民青《みんせい》系（共産党系）が仕切っており、組織の何の後ろ盾もなく、たった1人その対抗馬として立候補したため、周りからはずいぶんと驚かれたものです。

選挙のキャッチコピーは「自分たちのことは自分たちで決めよう」。寮に暮らしていない外部（共産党系の上部組織）の大人の指示に従うのではなく、実際に暮らしている寮生みんなで話し合って、寮の運営方針などを主体的に決めていこうという趣旨でした。

選挙の結果は、下馬評を覆しての圧勝。それを機に、いわゆる学生運動や市民活動に積極的に身を投じていくことになります。

「東大を、権力者に奉仕する学校ではなく、困っている人を助けるための学ぶ場に変えたい」「助け合い、支え合う社会をここからつくりたい」との思いでしたが、活動の代表格だった私は警察に目をつけられることになり、地元明石の実家にまで警察がやってきました。

小さな田舎の漁師町だったので、「過激派になったらしい」とか「頭がおかしくなったらしい」といった噂が広まり、親も周りから白い目で見られたそうです。

連絡があり、私は実家にいったん戻りました。

当然、こっぴどく叱られると覚悟をしていましたが、そうではありませんでした。いきなり父が私にこう言ったのです。

「もうええんや。家族の闘いは終わったんや」と。

続けて母も「お願いやから、普通の大学生になって」と、泣くように訴えてきたのです。

両親の気持ちもわからなくはありませんでした。

たしかに弟は歩けるようになった。障害は残っているけれども、普通学校に進学もできて、それなりにみんなといっしょに過ごせてもいる。家の生活も遠い昔に比べれば少しは楽になってきた。「うちの家はもう大丈夫だから、おまえも他の大学生みたいに普通に学生生活を楽しんでほしい」と懇願してきたのです。

でも、私は反論してしまいました。

「歩けるようになったのは、うちの弟だけやないか！」

弟は、兄である私が世話をしなくても大丈夫な状況になった。ところが、子ども時代にいっしょに過ごした他の家族はそうではない。むしろ成長にともなって障害が重度化したともだちもいて、それぞれの家族の苦難はなおも続いている。

「他の子は歩けてない。その家族もみんな大変なままや。うちの家だけよくなったら、それで終わりか？　終われるかそんなもん！　闘いはこれからや！」

理不尽な社会への怒りを胸に生きてきた者として、大学に行ってさらに強く感じたのは、周りの者の無関心、現状追認の空気感。そして、誰かが代わりに闘ってくれることもなく、誰かが世の中を良くしてくれることにも期待しがたい。気づいた者が、自らそれを正し、世の中を良くしていくしかないであろうという冷徹な現実。

そうであれば、苦難から解放された立場の私がやらずして、誰がやるのか。誰が人の痛みや悲しみに寄り添うのか。自分の家族の世話で精一杯の人間に、それ以上何をさせるのか。

そんな思いを逆に強くして、東京に戻ることになりました。

テレビ局時代に感じた限界

学生生活を終えた1987年、NHKへ入局しました。社会の理不尽さを世の中に広く知ってもらい、その解決方法を提案していきたいと思ったからです。

NHK福島に赴任した直後に、社員食堂に自己紹介のつもりで張り紙をしました。「『差別』と『貧困』を世の中からなくしていくために、NHKに入りました。みなさんよろしくお願いします」。

張り紙は、それを見た上司にすぐ剥がされました。今から思えば、たしかに非常識だったようにも思います。こういう厚かましいところが嫌われるのだとは思いますが、当時の思いとしては、張り紙に書いたとおりでした。いや当時から今に至るまで。

「ごちゃごちゃ言わんとまずは企画書を書け」と言われて、朝7時台のニュースの5分枠に提案したのが、障害のある方が働く作業所への取材でした。「朝から障害者はない」と言われ、カチンと来て「もう1回言うてみい！」と凄みましたが、ペーペーの意見が通るはずもなく、ボツ。私のデビュー作は「大きなカボチャが採れました」というトピックでした。

テレビ朝日で仕事をしていた時代もあります。「朝まで生テレビ」の番組制作スタッフとして、「原発の是非を問う」とか「天皇制と愛国心」といった番組企画にも関わりました。「ニューステーション」の取材にも関わり、忙しく走り回っていたものです。ただ、やりがいを感じつつも、一種のもどかしさを感じることも増えてきていました。

たしかにテレビの仕事というのは、とても躍動的で、働く者にとっては魅力的です。なんとなく自分に力があって、なんとなく世の中に影響を与えている気になれる仕事でもあります。

でも、どこか表面的な気がしてなりませんでした。

困っている方のところに行って、話を聞き、それを報道することはできる。けれども、実際に問題を解決していくことはできないのです。そんな立場ゆえの限界も感じていました。

「もっと、具体的な力になりたい。そのために具体的な力をつけたい」「どこか遠くから応援するのではなく、当事者の近くに寄り添っていたい」。

そう思い始めていた私に、大きな転機が訪れます。

「人間のための政治は勝つ」。恩師、石井紘基さんとの出会い

運命的な出会いでした。

高田馬場の大きな書店で、ある1冊の本を手にしました。『つながればパワー　政治改革への私の直言』。

表紙には、「石井紘基（いしいこうき）著」と赤い字で記されていました。当時、国会議員を目指していた政治家の決意表明の本でした。社会は変えることができるという、全編を貫く石井さんの確たる思い。その熱く強い思いは、当時も今も激しく胸に響き続けています。

「政治をあきらめなければ、日本は変えられる」「市民がつながれば、まちを大きく変えることもできる」。

まだ20代だった私は、50才近くになりながらも、本気で世の中を変えるために立ち上がろうしている人がいる事実に心からの感動を覚えました。そして、その感動そのままに手紙を送りました。

「あなたのような人にこそ政治家になってもらいたい。本気で応援させていただきます」と。

するると思いもよらず、すぐに返事がきました。そこにはなんと「お手紙ありがとう。ぜひ会って、話を聞かせてくれませんか」と書かれていたのです。驚くと同時に喜び勇んで、私は指定された喫茶店に出向きました。

そして、会ってすぐの私に対して、石井さんはいきなり話を切り出されました。

「本気で選挙を手伝ってもらえないだろうか」。

少し驚いて「石井さんほどの人なら、他にいるでしょう?」と尋ねると、「私には何の組織もないし、本気で選挙を手伝ってくれる人は、実はまだ見つかっていないんだ」とのこと。こんなに志の高い人なのにそんな状況なのかとびっくりしましたが、あまりにストレートな頼みごとに、思わず即答してしまったのです。

「わかりました。私が必ず当選させてみせますから」。

すぐに仕事を辞め、住み慣れたアパートも引き払い、世田谷の石井さんの自宅近くに引っ越しました。選挙の最初のスタッフとして、石井さんを当選させるために全身全霊をかけることにしたのです。

石井さんの存在を知るまでの私は、政治家に対して、いいイメージはありませんでした。社会を変えるためには、チェ・ゲバラのような革命家にでもならなければ無理だろうと考えてもいました。

けれども、石井さんのそばで寝食を共にしているうちに、本気で政治をやろうとしている人の強さ、真摯さに、心を打たれるようになりました。

「人間のための政治は勝つ」。

直球勝負で議論する。真っすぐな方でした。

石井さんが最初に駅立ちをしたときも、私が横に立ちました。石井さんがマイクを握り、私がビラを配る。日照りの日も、雨の日も、雪の日も。石井さんを信じ、有権者を信じ、訴え続けました。

しかしながら、結果は非情でした。1990年の衆院選、石井さんは次点で落選してしまいます。私は石井さんに謝りました。「当選させられなくて申し訳ありませんでした」。そして続けて「次こそ勝ちましょう。引き続きよろしくお願いします」と、気合を入れて言いました。

ところが石井さんは、自分のこと以上に私の将来のことを心配し、「泉くん、ありがとう。気持ちはうれしいけど、君をこれ以上そばに置いておくわけにはいかない」と答え、続けて思いもしない説得をしてこられたのです。

「司法試験を受けて、弁護士になりなさい」。

あまりに突然の話に、私は戸惑いながら「私は教育学部卒で、法学部じゃないですし、そもそも法律なんか嫌いだし、興味もありません」と答えました。

石井さんは続けました。

「選挙は簡単じゃない。政策がいいから当選するわけでもないし、人物がいいから当選するわけでもない。これまでに数多くの政治家を見てきているけれども、最初は志があっても、選挙が怖くて、途中で志を失っていく者がほとんどだ。君にはそんな政治家にはなってほしくはない。落選を怖がらず、胸を張った仕事を続けるためにも、弁護士の資格を取っておきなさい」。

そしてさらに続けました。

「それに君はまだ若い。いい政治家になるには、世の中のことをもっと知っておく必要がある。弁護士になって、明石に戻り、本気で人のために尽くしなさい。そして世の中のことをもっと深く知りなさい。政治家になろうと急いではいけない。いずれ君は政治家になる。40才くらいだろう。その前に、まずは弁護士になりなさい」と。

強い説得を受け、それまではまったく思いもしなかった弁護士という資格を得るため、私は司法試験を受けることになったのです。

六法全書を初めて見たとき、赤ペン入れて直してやろうと思った

20代半ばにして法律と向き合うことになりましたが、初めて六法全書を開いて、条文を読み始めたときのことは忘れられません。思わず口から文句が飛び出るほど、憤りを覚えました。

「誰や！　こんな冷たい条文を書いたのは！　貧乏人をバカにしやがって！」

条文をいくら読み進めても、障害者や犯罪被害者といった社会的弱者への思いやりがほとんど感じられなかったのです。

子どもの権利ですらどこにも書かれておらず、財産権ばかりが過度に保護されており、お金持ちにばかり有利なように書かれている。強盗の処罰は厳しいのに、強姦の

処罰はあまりにも軽い。極めて不公平な内容が次々と目に飛び込んできました。

理不尽な冷たい条文があたかもあたりまえのように存在し続けていることに、驚きを通り越して腹が立ってきました。にもかかわらず、司法試験の受験生らは必死にそれを丸暗記しようと励んでいる。そして、自分もその1人であることが情けなくて仕方ありませんでした。

「赤ペン入れて直したろか！」と怒りながら勉強する日々がしばらく続きましたが、あるときを境に発想を切り変えることにしました。こう考えることにしたのです。

「世の中の理不尽の正体、言い換えれば、子ども時代から感じてきていた社会の冷たさの原因の1つは、法律にある。間違っているこれらの法律を変えていくためには、まずはその法律を知る必要がある」と。

そう思い直し、司法試験に臨むことにしました。

もっとも司法試験は甘いものではなく、結局4回目の挑戦での合格となりましたが、私が司法試験に通ったことを知った石井さんは、花束を抱えて駆けつけてくださいました。あの笑顔は、今でも目にしっかりと焼きついています。

弁護士になり、その後独立。2000年には地元の明石で、法律事務所を設立しました。

弁護士としてたどりついたのは、世の中の根本的な問題

赤ペンを入れたいことの多い法律ではありましたが、中には美しい条文もありました。たとえば、弁護士法の第1条です。そこには、こう書かれてあります。

「第1条（弁護士の使命）　弁護士は、基本的人権を擁護し、社会正義を実現することを使命とする」。

わかりやすく言えば、「基本的人権の擁護」とは「人助け」、「社会正義の実現」とは「世直し」のこと。「そんな使命が弁護士にはあるのか！」と、感動したことを覚えています。以来、その使命に従い、行動してきたつもりです。

目の前に困っている人がいれば、お金に関係なく仕事をしました。とりわけ社会的に弱い立場にある依頼者については、他の弁護士が見捨てても自分だけは見捨てないとの思いで弁護士活動を続けました。

お金のない依頼者からは無料で依頼を受けました。知的障害のある交通事故の被害

者のケースでは、泣き寝入りはよくないと思い、自腹を切って裁判を提起し、賠償金を勝ち取って全額を渡したりもしました。いわゆる悪徳なヤミ金に対しては、ヤミ金のしていることをヤミ金自身に知らしめようと、私の法律事務所からスタッフ総出で連日電話をかけまくり、相手が「やめてください。こちらも、もうしませんから」と言うまで、徹底的に闘ったりもしました。

国選弁護人として初めて担当したのは、窃盗の常習犯の件でした。妻子のある被告人は十数件の余罪を自白。そのすべてに詫び状を用意していました。にもかかわらず警察は、被害額が大きく証拠も明らかな2件だけを立件しようとしました。

私は警察に乗り込み、それはおかしいと訴えました。「被害者がいる以上、全部捜査すべきじゃないのか！」と。それらすべての事件について事実を明らかにして、被害者に謝罪し、償ってこそ、加害者の更生への道もできると思ったからです。

結果、私は被告人の妻とともに被害者全員のご自宅に何度もお詫びに回り、全件について示談をとりまとめました。

そのときの裁判官は、たまたま司法修習生時代の教官でした。

「泉くん、気持ちはわかるけどな、やりすぎや」。

判決後、しばらく経ってから諭されました。ただ、今でも間違っていたとは思っていません。被告人はその後、再犯することなく家族で暮らしていると聞いています。

子どもたちの未成年後見人もしてきました。

両親を亡くし、2人だけで暮らすことになった子どもたちが、親権者がいないことを理由に学校を退学にされそうになっていたのです。その子どもたちの関係者が「あまりにかわいそうだ」と、私の法律事務所に駆け込んできました。

兵庫県の児童相談所に相談をしても、つれない対応でした。「子どもたちが本当に困っているんです」と訴えても、まったく動いてはもらえません。兵庫県の教育委員会にも掛け合いましたが、面倒なことには関わり合いにはなりたくないとの態度がありありで、本当に冷たかったのです。

それでも、子どもたちを見捨てることなど絶対にできません。

弁護士として依頼を受けた形をとり、戸籍をたどり、実家のある九州まで新幹線を乗り継ぎ、親戚の家を尋ね回りました。事情を説明すると同情してくれる人もいましたが、実際に身元を引き受けてくれる方は見つからず、最後まで誰も手を挙げてはもらえませんでした。

結局、私自身が2人の未成年後見人として身元を引き受けることになり、それでようやく、学校は退学にならずに済みました。そして、法律事務所のすぐ近くにアパートを借り、その2人を住まわせ、法律事務所のスタッフの1人に世話係になってもらい、2人が成人するまで面倒を見ることになりました。

私の弁護士時代の業務の多くの実態は、言うなれば「生活苦相談」とも呼ぶべき内容ばかりです。しかも多くの案件は、子どもの養育や仕事の確保など、弁護の「その後」、継続的な生活支援の問題も抱えている。にもかかわらず、行政からは見過ごされ放置され続けている場合がほとんどでした。

数多くの悲しみや苦しさに出会い、ともに悔しさを噛みしめる中で、いわゆる従来的な弁護士の仕事の限界というものを改めて思い知らされました。そして法律や制度、つまり、この世の中のそもそものしくみを変えなければ、問題を根本的に解決することなどできないのだと痛感させられたのです。

間違った法律や制度の中で抗うのではなく、その法律や制度自体を変えていく必要がある。そのためには政治の世界に行かなければ。
弁護士を続ける中で、そういった思いがどんどん高まっていきました。

正義のために刺された遺志を引き継ぎ、国会へ

私が弁護士として腐心している間も、石井さんの国会での活躍は華々しいものでした。司法試験に合格する前年、石井さんは2度目の衆院選で当選を果たしていたのです。正義感の塊のような人で、国家の不正にも真正面から切り込み、国会の「爆弾男」として問題を追及する姿、地下鉄サリン事件の被害者支援に取り組む姿も、マスコミなどで大きく報じられていました。

けれども、石井さんは突如、その一生を終えることになります。

2002年10月25日、ニュース速報が駆け巡りました。

「衆議院議員、刺殺」。

そこには、石井紘基の名前がありました。私が来る日も来る日も送り迎えをしていた世田谷の自宅の前で、暗殺されてしまったのです。

「金銭トラブル」。犯人は当初そう言い、検察もそう主張しましたが、そんなわけはありません。

その日は石井さんが国会質問の書類を提出する日。カバンの中に入っていたのは、国家の不正を追及するための書類でしたが、事件現場のカバンからは、その書類が持ち去られていました。そして、その後も発見されることなく、闇に消えたままになっています。

石井さんの無念を思うに、今も悔しくてなりません。

当時、明石で弁護士をしていた私は、突然の悲報に驚き、すぐに東京へと駆けつけました。そして通夜や葬儀などを手伝いました。その後の偲ぶ会では友人代表の１人として挨拶も行い、久々に昔の仲間たちにも再会することになりました。

そこで私は周囲の方々から石井さんの遺志を継ぐよう説得され、そのこともあり、その翌年に、政治の道に進むことになったのです。

２００３年の衆院選、石井さんの所属していた当時の野党第一党である民主党から出馬。奇しくも石井さんがかつて予言したとおり、私が40才になる年のことでした。そして総選挙で当選し、国会議員になりました。

マスコミで感じた虚しさ、弁護士としての限界。子どものころから社会の冷たさを痛感してきた私は、石井さんの正義感を引き継いで、国民に寄り添う政治家として、「社会を変えていく」立場になったのです。

党や選挙区に関係なく、他のみんなが見捨てても

国会議員になり、私はさっそく「議員立法」の作成に取りかかりました。官僚主導の「内閣提出法案」とは異なり、国会議員が主導して起案できる法律のことです。かつて「赤ペン入れて直したろか！」と怒りを感じた法律に、自らペンを入れる権限を得たのです。

間違っている法律や制度を改めるため、見過ごされ放置されていた課題を解決する

ため、頭を動かし、声を枯らし、困っている人のために精力的に取り組みました。

犯罪被害者の権利や利益を守る「犯罪被害者等基本法」を担当したときのことです。元々は私が国会議員になる前、民主党が先に国会に提出していた法案でしたが、与野党の対立に巻き込まれ、塩漬けにされ続けていました。それが、犯罪被害者の会の署名が自民党に提出されたことを受け、当時の小泉純一郎首相が「検討する」と回答し、いきなり動き出したのです。

ところが民主党は猛反発、反対を辞さない状況となりました。「野党が言うときは無視して、急に与党が手柄をとっていく気か！」という話です。

言いたいことはわかりますが、それでは当の犯罪被害者は救われません。

私は当選直後の新人議員でしたが、弁護士であり、被害者支援を数多くやってきていたこともあり、与野党協議の責任者を務めることになりました。

そして、周りの議員にこうお願いをして回りました。

「被害者に与党も野党もありません。被害者を救うことに変わりがない以上、なんとか力を合わせて成立させましょう」と。

こうして、「犯罪被害者等基本法」は成立となりました。

「おまえは何のために国会におるねん！」と言われ、議員立法を強く求められたこともあります。

突然の事故や病気の発症で障害を負ったのに、制度設計のミスで年金をもらえない方がいる。それを言ってきたのは、無年金障害者の弁護団の中心にいた友人の弁護士でした。

「制度の誤りなのに、官僚がメンツを守るために救済する気がないなら、国会議員がなんとかすべきだ」。まさにそのとおり。それが国会議員の仕事であり、責務です。

私は党内に組織を立ち上げ、座長となりました。そしてすぐに「無年金障害者救済法案」を作成しました。制度の不備によって障害者年金を受給できていない方々を救う議員立法です。

中央省庁の所管と所管の「はざま」や過去の施策の不備を顕在化させたくないとの霞ヶ関特有の論理から、放置されてきた問題でした。けれども、その置き去りにされた隙間にこそ、たくさんの方がこぼれ落ち、必要な支援が届いていなかったのです。

この法律が成立したとき、当事者とともに涙したのがついこの間のことのように思い出されます。

同じように議員立法を求められたことは、他にもあります。「カネミ油症《ゆしょう》事件」を長年追ってきた、ジャーナリストの友人からでした。

１９６８年、食用油にダイオキシン類が混入、甚大な健康被害が広がりました。特に妊娠中の女性患者からは全身真っ黒の胎児が産まれ、すぐに死亡。社会に大きな衝撃を与えました。この問題が、30年以上もずっと放置されていたというのです。

２００４年の暮れ、私はその友人といっしょに長崎県の五島列島に飛び、被害者のもとを１軒１軒訪ね歩きました。

他の議員は通常、国会が終わるとすぐ地元に帰り、年末年始といえば支援者を回りビールをつぎまくっている時期です。長崎は私の地元でもなんでもありません。けれども選挙区がどこかということは関係ありません。困っている声を聞いたからには放ってはおけない。「私が必ずなんとかします」と被害者のみなさんと約束し、その後、このテーマについても自ら法案をつくりました。

ただ、この法案は、私の国会議員の任期中には間に合いませんでした。

２００５年9月のいわゆる郵政解散選挙で、私自身が落選してしまったからです。でもその後、２００７年に国会で法律が成立すると、被害者の方々からお礼の手紙が来ました。「泉さんのおかげです」。法案づくりをごいっしょした法制局の担当者からも手紙をいただきました。「あのときの法案がついに制定となりました。どうしてもお伝えしたくて」と。

私が国会にいたのは2年ほどです。

わずかな期間でしたが、数多くの議員立法の作成に関わりました。党や選挙区に関係なくても、気づいたなら放っておかない。他のみんなが見捨てても、せめて自分だけは最後まで見捨てない。そういった思いで、国会議員として走り続けた時代でした。

政治家の使命・役割は、困っている人に寄り添い、手を差し伸べて、それを解決すること。その思いは、国会議員であろうが、市長であろうが、変わるところはありません。

支持母体は「政党」でも「業界団体」でもなく「市民」

郵政解散での落選後、私は明石に戻って弁護士の仕事を再開します。

国会議員時代に、社会福祉にもっと詳しくなる必要があると痛感したことから、社会福祉士の資格も取りました。かねてから弁護士として、障害者や高齢者、そして子どもたちのために走り回る日々でしたが、社会福祉士の資格を取ってからは、狭い法律だけじゃなく福祉の観点も取り入れて、総合的な支援ができるようにもなりました。

２０１１年、ついに明石市長選挙に立候補するときがやってきました。

対立候補は、兵庫県の知事室長経験者で、直前まで明石市を含むエリアの県民局長だった方。自民党と民主党が推薦、兵庫県知事も支援、医師会、商工会議所、商店街連合会、労働組合など業界団体のほとんどと、市議会の全会派が全面支援を表明していました。

つまり、政界や業界の組織票はすべて相手方に回っていたのです。

一方の私は、無所属です。

出馬会見で、記者から問われました。

「相手陣営は盤石です。政党も業界団体も固めて、知事の支援も受けています。あなたに支持母体はありますか?」

この質問に私は、はっきりと答えました。

「支持母体は市民だけです。でも、それで十分だと思っています」と。

記者やカメラマンは薄ら笑いを浮かべました。地元紙もテレビ局も、私が勝てるなんて露ほども思えなかったでしょう。形式上、重ねて「勝算は?」と質問が続けられ、再度、私ははっきりと答えました。

「当然あります。勝てますし、必ず勝ちます。それが明石のまちと市民のためだからです」。

そう言って会見を終えたのが、今から12年前のことです。


市長選は一騎打ちの激戦となりました。

結果はわずか69票差。

相手の得票数5万3993票に対し、5万4062票。一人ひとりの「1票」が積み重なり、政党や業界の壁を破り、市民だけを頼りに、市民とともに勝ち切りました。

明石市民のことを最後まで信じ抜いたからだと思っています。

「支持母体は市民だけです。でも、それで十分だと思っています」。出馬会見での言葉は、その場の思いつきではありません。まさにそういう人生を生きてきたのです。子どものころから、そして弁護士になってからも、ふるさと明石のまちで、普通の市民と喜怒哀楽をともにする生き方をしてきたのです。

いざ選挙になって、私のもとに駆けつけてくれたのは、そういった喜怒哀楽をともにしてきた市民でした。

あの日、明石市民は自分たちの未来を変えた

69票という僅差は、たった35人が態度を変えるだけでひっくり返ります。人口30万人近くの都市で、たった1クラス分の差です。

「泉さんは、わしが通してやったんや」と言い合う市民の声が市内のいたるところで

聞かれたそうですが、本当にそのとおりです。

2011年4月24日、明石市長選挙。市民の1票がなければ、今日の明石市はありません。市政の転換も「5つの無料化」も「全国初の施策」も「10年連続の人口増」も実現していません。きっとこの本が書かれることもなかったでしょう。

おそらく全国でも、いまの明石市民ほど、自分の1票の持つ力を信じている市民はいないのではないでしょうか。

あの日私たちは、私たちの手で、私たちの未来を変えたのです。


以上が、私が市長になるまでの経緯です。

次章から語るのは、こうして明石市民が選んだ未来にどんなことが起こったのか。示したのは、「政治を変えることができたら、私たちの生活は変わる」という事実です。

明石市の現実がみなさんの希望に、そして全国どこのまちにとっても、あたりまえのことになればと願っています。

「政治の失敗」について、ひとこと。
最大の原因は、
「経済が国民を豊かにする」という〝勘違い〟にある。
国民を豊かにするのは「政治の役割」であって、
「国民が豊かになってこそ、経済も回る」のだ。
明石市は「まず市民にお金をまわす」ことで、
地域経済を活性化させ、税収増を実現している。

1章

「子どものまち」から始まる好循環

――なぜ人が集まり、経済も上向くのか？

全国初なんて
実は残念で、恥ずかしいこと

子ども施策、中でも「5つの無料化」は、よく「明石市すごい！」というフレーズとともにマスコミで取り上げられます。

〈5つの無料化〉
・18才までの医療費
・第2子以降の保育料
・中学校の給食費
・公共施設の遊び場
・おむつ定期便（0才児見守り訪問）

わかりやすく伝えるため、私自身もあえて「養育費の立替払」などの新しい施策に、「全国初」「関西初」「県内初」とキャッチーな言葉を添えたりもします。

〈寄り添う施策〉
・養育費の立替払&親子の面会交流支援
・児童扶養手当の毎月支給
・戸籍のない子どもの支援
・こども食堂をすべての小学校区で開催
・児童相談所の改革（第三者チェックなど）

これらはすべて全国初です。

ただ実は、ほとんどが日本以外の他の国ではあたりまえのように実施されている施策です。

私たちの社会には、グローバルスタンダードから見て明らかに凹んでいる部分がある。だから、今の時代に必要な施策を「遅すぎてごめんなさい」との気持ちで、必死で提供しているだけなのです。

ですから、「明石市すごい！」と言われるたびに戸惑ってしまいます。正直、もどかしく、ふがいない気持ちです。こんなことが全国初になるなんて、日本がどうかしているだけなのです。決して明石市が斬新でも、特別進んでいるわけでもありません。

伝えたいのは、日本だけが、いかにこれまで「何もしてこなかったか」という残念な事実、冷たい社会への憤りです。

「せめてベーシックな子育て施策くらいは、国が全国一律で実施すべきだ」。

強く言い続けてきました。でも政治はなかなか動かない。おまけに行政には「お上意識」「横並び意識」「前例主義」が染みついています。どこもかしこも初めてのことには動こうとしません。

それなら、明石市が自腹で、最初に成功例をつくる。わかりやすく普遍化して「はい、どうぞ」と提供する。明石が始めた施策は、他のまちでも、国でもできます。その可能性を信じているからこそ、「まず明石から」やっているのです。

気づいた者が変えていくしかない。明石から社会を変える。冷たい社会を変えてみせる。子どものころからの強い思いを胸に、私は市民とともにまちを変えていきました。

40年前に書いた。「子どもに冷たい社会に、未来はない」

日本で生まれる子どもが減り始めたのは1982年。私が大学生のころです。教育学部で教育哲学を学び、「子どもを応援しない社会に未来はない」と論文に書きました。残念ながら今もこの社会は、当時からほとんど変わっていません。40年以上、子どもはずっと減り続けています。少子化は加速し、長らく経済も停滞しています。その原因は、私たちの社会が子どもに冷たすぎるからだと思えてなりません。

2011年から、ついに総人口も本格的に減り始めました。そんな年の春に、私はようやく明石市長に就任。まずは「子ども」です。

どこもやらないなら、せめて明石市を子どもを応援するまちにしよう。「こどもを核としたまちづくり」を掲げ、幅広く子ども・子育て施策を展開。子育ての経済的な負担を軽減する「5つの無料化」もその1つです。

たとえば医療費は、18才まで完全無料。市外の病院も無料、薬代も無料です。支払いはいりません。なぜなら、お金はすでに市民から先に税金や保険料で「預かっている」との認識だからです。

子どもを産みたいのにあきらめさせられる。未来を閉ざす社会が続いています。日本の政治は少子化対策でなく、むしろ少子化を加速させているとしか思えません。

市民の声、切実なニーズに応えるのが政治の役割です。

明石市では、子育てサービスを独自に無料化するだけでなく、困っている市民に「寄り添う」施策も順次拡大。国が動くのを待つことなく、子どもに関することは「あれも、これも、全部やる」。まちのみんなで子ども施策を進めてきました。

10年連続の人口増、全国の中核市で「人口増加率」第1位

明石市の本気が口コミなどで伝わり、周辺から続々と子育て層が集まってきました。人口は過去最多となり、10年連続で増加。2020年の国勢調査では、全国の中核市

（人口20万人以上の指定を受けた自治体）62市の中で、人口増加率が1位になりました。

誤解されがちですが、私はそもそも人口増論者ではありません。

人口を取り合うような発想でもなく、いかに市民一人ひとりが暮らしやすいまちをつくるかをベースにしています。子どものころから、冷たい社会を変え、やさしい社会をつくることを追い求めてきた立場です。明石のまちづくりが評価され、その結果として、人が集まっているに過ぎないとの認識です。

とはいえ日本全体でみると、人口減少は避けがたい流れ、少子化も歯止めがきかない状況です。それなのに、国もほとんどのまちも、いまだに子どもを放置している状況です。不十分な環境を変えるのは政治の役割。一刻も早く整備すべきと、国会などでも強く訴えてきました。


明石市は、まず子どもから始めました。

子育て層が増えると、まちは活気を取り戻します。商店街の売上は伸びる。新規出店も増える。住宅建設も続きます。地域経済も上向き、市の税収も増える。増えた財源は子どもだけでなく、障害者や高齢者、まちのみんなへの新たな施策につながります。

子どもから好循環が生まれ、回り始める。そのことを証明したのが明石のまちづくりです。

学ぶ、働く、遊ぶはあきらめた

明石市は大都市・神戸のとなりにある、コンパクトなまちです。南側には海が広がり、港では日本一のタコが揚がる。明石海峡の対岸は淡路島です。

「神戸も大阪も近いし、家も安いから、人口増えるに決まってる」と言う方もいます。たしかに住むには好立地かもしれません。でも、それだけで人が動くとは考えていません。

私が市長に就任する前、中心市街地はまさに空洞化していました。明石駅前の一等地にあったダイエーが2005年に閉店した後、放置されたまま。さびれた地方のシャッター通りそのものでした。阪神・淡路大震災から市の財政は悪化しており、市の基金（貯金）はすでに2000年から毎年赤字続き、人口も減少傾向で、明石のまちは衰退しつつあったのです。

時代は変わっているのに、行政だけが漫然と従来のままなんて、ありえません。すべてが右肩上がりに成長する時代は終わりました。まちの未来、方針を決定するのは市長の権限、果たすべき大事な役割です。

まちの特性、プラスとなる良さをどう活かし、マイナスとなる弱みをどうクリアするか。私の方針は最初から明確でした。

海沿いの狭い市域に30万人が暮らすまちです。似た人口規模でも、市の広さが16倍強の青森市や18倍強の秋田市とは、立地も気候も、インフラ整備への考えやコストも違ってきます。

すぐ先の神戸、大阪、京都は大きな都市圏。学校も、お店も、企業も溢れかえっています。

大学を誘致しようにも、すでに有名校、伝統校が近隣にたくさんあります。企業を呼べる条件のいい立地でもありません。遊ぶのも、神戸で夜景を見ながらデートすればいいのです。いまさら競争を始めるのはリアリティがありません。

大学を誘致したい、企業を誘致したい、若者が集まるまちにしたい。

多くの政治家は地域の特性も考慮せず、いまだに「あれもこれもする」と言います。

私はそのようなことは言いません。

今の時代の、明石という立地だからこそ、やるべき政策がある。極めて冷静に戦略を描いた結果、まず「子ども」から始めたのです。まちの優先度からすると「学ぶ」「働く」「遊ぶ」はある意味、あきらめる方針になりました。

明石市が置かれている現状から、18才で若者がいなくなるのも、ある程度は仕方がありません。22才ごろに就職でさらに出ていく。これも一定程度は仕方のないことです。当然、結婚は働きに出た先でしますから、そのまちで1人目の子育てを始める方がほとんどです。

注目したのは、その後です。

「2人目が欲しい」となれば、不安も夢も広がります。「お金は大丈夫か」「仕事と育児を両立できるか」「そろそろ家を買いたい」「できれば1人に1つ、子ども部屋を用意してあげたい」。

どこに住むか、どこで育てるか。その選択肢として挙がるまちにすればいいのです。

神戸はもちろん、西宮市や芦屋市といった周辺の高級住宅地よりも安く、同じ値段で、子ども部屋を1つ増やせる。海が近くて気候も温暖、子どもがのびのび遊べる環境がすでにある。

あとは、安心して子育てができるよう、国を待つことなく子育ての負担を軽減する政策があれば選ばれる。こうして明石市は「暮らす」「育てる」に特化しました。

事実、30才前後の子育て世帯が小さな子どもを連れて、続々と引っ越してきています。

私が他のまちの市長なら、別の方法を選ぶかもしれません。立地や特性で戦略が違うのは当然です。

国会にいたころ、フランスの少子化対策を学ぶ機会がありました。

家族手当や「高校までの学費無料」といったわかりやすい施策だけでなく、びっくりしたのは子どもの数が多いほど支援が手厚くなるよう、国が積極的に子育て支援をしていたことです。わかりやすいインセンティブを効かせれば、わかりやすく子どもは増える。ヨーロッパ最高水準の出生率に持ち直したことにも驚きました。

明石市長になり、5つの無料化などを順次導入し、「お金の不安」を軽減。合わせて、さまざまな寄り添う施策で「もしもの不安」も軽減。子育て層の「2つの不安」に本気で向き合ってきました。だからこそ、「安心して我が子を育てられるまち」として明石市が選ばれてきたのです。人はもしものときの安心がないと、お金だけでは動きません。

貧困対策は全国どこでもやっていますが、支援から取り残された中間層も苦しいのが今の日本です。分断せず中間層にも光を当てる。若い中間層は共働きが多く、明石に引っ越してきたら家を買い長く住まれる方がほとんどですから、税収増、新たな市民サービスの実施につながります。人が増えれば商売も繁盛、地域経済も潤うという戦略でもあります。

難しいことではありません。必要なのは、完全な「発想の転換」です。最初に「事業者」を支援するのではなく、まずは「子ども」から支援する。「企業」でなく、消費者である「市民」の側から始めるからこそ経済が回り、持続可能な好循環につながります。

「子育てや教育にお金がかかりすぎる」「経済的な問題で子どもを持てない」との声が多いことは、国も全国調査で把握しています。

日本では1990年代から給与が上がらず、雇用もさらに不安定になっています。他の先進国では給与も物価も上昇しているのに、私たちの国は値上がりの一方で可処分所得が減り続けているわけですから、生活はますます苦しくなっています。

市民にお金がない。お金がない時代だからこそ、行政が子どもにお金を使う。そうすればお金もまちも、すべてが回り始めるのです。

なぜ日本には、子ども施策がなかったのか？

どうして「子ども」なのか。よく聞かれます。

「高齢者は？」「子どものいない人は放置？」それぞれ立場が違いますから、そう言いたくなるのもわかります。

子ども施策がよく注目されますが、明石市は高齢者も、障害者も、犯罪被害者にも全国トップクラスの施策を実施しています。決して、子どもだけではありません。まず「子どもから始めた」だけなのです。

それはなぜか。

私たちが暮らすこの日本が、異様に子どもを大事にしていない国だからです。

弁護士になって間もないころ、児童虐待で亡くなった子どもに関わりました。「なんでこんな理不尽なことが放置されるんや！」と、感じた不条理は忘れません。その後、既存の法律を使う弁護士から、法律そのものの内容を変えていく国会議員になりました。

当時、子ども担当の官僚を呼ぼうとしたら、子どもに直接寄り添える担当はおらず、「親」にお金を配るのは厚生労働省、「先生」に給料を払うのは文部科学省、長期の「計画」は内閣府と、関係テーマで縦割りになっていました。それなのに当の「子ども」の声を聞く省庁はありません。トータルに子どもの立場に立つ担当は誰もいなかったのです。愕然《がくぜん》としました。

ようやく2023年に「こども家庭庁」が設置されますが、お金の配分はもっと象徴的です。

私が大学生だった40年前、日本政府の子どもに関する予算は、他の先進国の半分程度でした。一方で、道路やダムをつくる公共事業関係費は、平均の倍近く。お金の配分が真逆だったのです。近年少しはましになってきましたが、あいかわらず子どもに冷たい社会は大きくは変わっていないように感じます。

「子どもの貧困」がよく取り沙汰されますが、私に言わせれば、その原因は「政治の貧困」そのものです。

国がやらないなら、自腹でも明石がやるしかありません。国民の生活に一番近い行政は市区町村だからです。「基礎自治体」と言われる身近な行政が、困っている方に寄り添うのは当然です。

「無料化」は、実は簡単

ここから、具体的な施策の話に移ります。

まず「5つの無料化」は、明石でなくても、どこでもできること。決して難しいことではありません。すでにしている市民サービスを無料にするだけのことですから、発想の転換で簡単に実現できます。

「制度上難しい」「財源がない」「人が足りない」という言い訳を聞くこともあります。どれも勘違いです。それほど難しくも、厳しくも、足りないこともありません。なぜなら、新たな制度設計も、組織編成もいらないからです。

ただ予算の配分を変えればいいのです。優先度を見直し、お金をシフトする。

そして、予算の配分を変える権限は自治体のトップにあります。だから近年、他の自治体にも広がってきているのです。

地方自治法には首長の「権限」として、「普通地方公共団体の長は、当該普通地方公共団体の事務を管理し及びこれを執行する」「予算を調製し、及びこれを執行すること」と明記されています。都道府県知事にも国の総理大臣にも、同じような権限がある。つまり無料化を実行できるかどうかというのは、政治のトップがやる気かどうか、ただそれだけの問題です。既存の制度を新たな市民負担なしで運用するだけ、かなりやりやすい施策なのです。

また、無料化について「単なるバラマキ」と言う方もいますが、バラマキとは違います。市民に現金は渡しません。これまで「追加で」払ってきた負担をゼロにしただけです。

現金給付となると、どうしても妬みやっかみを生みます。元手はみんなから集めた税金ですから、「あの家庭だけズルい」「あそこは不正している」と。それが人間というものですから、仕方がありません。だからこそ、あくまで基本のサービスを無料化するほうが理解を得られやすいのです。直接、現金を渡しているわけではないのでズルもできません。

みんなの税金をどこに、どう使うかという話です。

「公《おおやけ》」の使命・役割として、まず社会的に弱いところに使う。まずは「子ども」です。そうすれば子育て層からまちへとお金が動き、地域も賑わい経済も回ります。何度も言いますが、「子ども」から始めれば、市民みんなのためになり、まちのみんなが幸せになるのです。

市長が変わり者だからできた？

「5つの無料化」のうち、最初に実施したのは「子ども医療費」です。

当時、福島県や岐阜県大垣市、兵庫県内でも小野市など、先行して取り組んでいる自治体がいくつかありました。それらを参考に、2013年、明石市ではまず中学3年生までを完全無料化。2021年には、対象を18才まで拡大しました。

学校在学が条件となっているまちも多いですが、明石市はシンプルに「18才まで」

としています。中卒の方や高校を中退して無職になっている方の場合、支援の必要性がより高いからです。行政目線で、対象者の把握のしやすさを優先するのではなく、必要な支援が必要なときに届く制度にして運用する。当然、目線は市民の側です。自己負担はゼロ。もちろん所得制限などありません。

「保育料」も明石市では2016年から所得制限なしで、第2子以降を完全無料化しています。兄弟の年齢関係なし、市外の施設でも無料です。

国は2019年に幼児教育・保育の無償化を始めましたが、利用する施設や年齢で上限が設けられ、所得制限もあります。新たに3~5才の副食費（おかず代）も保護者負担になりました。子どもを親の所得で分けずに「すべての子ども」を対象にする明石市とは、そもそもの発想が違いますが、要件を変えればいいのです。国でも完全無料化は可能です。

明石市は先行して、市の自腹で保育料を無償化していたので、国の無償化で実質4億円ほど補填されることになりました。その浮いたお金で翌年すぐに始めたのが、「中学校給食」の無料化です。もちろん所得制限はありません。近年のコロナ禍、食料品などの値上がりで、家計負担がキツくなる中、学校給食の無料化も次第に広がりつつあります。

さまざまな機会を通じて国への働きかけをしてきましたが、今後も国や県が追いついてくれれば、市独自の負担が減り、明石はもっと先に行けます。

子育てサービスの無料化は、どこの自治体でもできることです。明石だけが特別だとか、市長が変わり者だからできるという話ではありません。どこの市長であれ、可能なのです。

ただ、個々の自治体が単独で実施するのがいいのかは、おおいに疑問です。ベーシックな子育て支援は国がしてこそ、「すべての子ども」が救われると思っています。

「無駄の象徴」になりかけた再開発を「まちづくりの象徴」に変えた

「公共施設の遊び場」は、明石駅前の再開発計画とセットで設置を進めました。市内でもっとも利便性の高い場所に、大きなトランポリンやおもちゃでいっぱいの親子で遊べる空間をつくったのです。

「駅前再開発」と聞くと、次に思い浮かぶ言葉が「失敗」。そんな方も多いかもしれません。コンセプトが中途半端になり、誰のためなのかさえ曖昧になり、せっかく壊して建てたのに債務だけが残り、無駄の象徴のようにされてしまう。

そんなケースを私も見聞きしてきました。明石駅前の当初の計画も、おおいに懸念される内容でした。

駅前の超一等地にもかかわらず、ダイエーがなくなって以降、ほぼ幽霊ビルと化していた場所。それをどう変えるのか。停滞していた明石の大きな懸案です。けれども毎年1000人減という人口予測がなされ、デベロッパーからは「賑わいを生み出すのは難しい」「名の知れた店がテナントに入ることはないだろう」と言われるほどの状況でした。

結局、新しい建物の半分に市役所機能の3分の1を移転させて、それ以外は消費者金融やパチンコ屋などが入る、そんな提案になっていました。

私が市長になる以前から進んでいた計画です。悪気はないのでしょうが、それでは意味がありません。

計画の中身を見直せるギリギリの段階で市長に就任した私は、すぐに内容の見直しを図りました。市民が本当に望む施設にするため、広報紙を使ってアンケートをとったのです。

市民が希望したのは、1位が「図書館」、2位が「子育て支援施設」。私の考えとまったく同じ意見が多数を占めました。

当時の市立図書館は、駅の北に大きく広がる明石公園の端にあり、老朽化していました。甲子園球場約13個分の敷地の角、遠い遠い坂の上まで延々と歩かなければなりません。

そこで、ビルの公共空間を見直し、市役所機能を集約。空けたフロアの1つに図書館を全面移転することにしました。もう1つのフロアには親子の遊び場を新たにつくる見直し案です。

図書館と子育て支援施設をつくれば、国から数十億円の補助金も出ます。市役所移転だけなら建設費は全額、市の負担です。市民の負担を減らしながら、市民が望む施設をつくる。コンセプトは「子ども」と「本」。公共サービスの窓口を一元化し、子どもの遊び場、本のまち明石の図書館を真ん中に置く。

こうして市民のために改編した内容で、5年後の2016年、ビルはオープンしました。

館内6階は公共サービスの窓口を集めた「あかし総合窓口」です。転入出届や結婚・離婚・出生届、健康保険、年金など、さまざまな手続きをワンストップで受けることができます。平日は20時まで、土日祝日も（第3日曜日をのぞく）17時15分まで開いています。

エレベーターを降りてすぐのところには、職員が立っています。ホテルのコンシェルジュのようなものです。「住民票を取りたい」と言えば「○色の紙に記入してから、○番の窓口に出してください」とご案内します。窓口をたらい回しにはしません。

国も地方も、役所は根深い縦割り組織です。明石ではできるだけワンストップで対応するため、総合窓口に配属する職員は、1人で3つの仕事をできるようにしました。オープン1年前から、たとえば年金、保険、福祉とそれぞれの課で働いて、必要な知識を身につけていったのです。

1人で3人分の仕事ができれば、かなり省スペースに配置できます。大幅に空けた場所には「子育て世代包括支援センター」と「こども健康センター」を入れました。妊娠の届け出や母子手帳の交付、子どもの予防接種、専任の保健師や助産師による妊婦全員との面談。そのとなりでは4ヶ月、1才半、3才半の乳幼児健診。ここには専任の医師もいます。

意識したのは導線です。妊娠してから子どもが生まれ、子どもが育っていく中で「ここに来ればなんでも相談できる場所」を駅前の便利な一等地につくりました。

1つ下の5階には、0才から小学生まで親子で遊べる「あかしこども広場」をつくりました。

遊び場は大きく2つ。小さい子用のプレイルームには、赤ちゃん用のおもちゃやままごとキッチン、ブロック、絵本。もう1つの大型遊具のある「ハレハレ」では、長さ12メートルのエアトラックで子どもたちが元気いっぱい飛び跳ね、3万個のボールが浮かぶプールも人気です。

こんな大きい遊具があれば、よそだったら有料で3000円はとるでしょう。

今はどこに遊びに行くにもお金がかかります。テーマパークは安くありません。リニューアルして入場料を上げる施設もあります。それでも明石では無料にしました。子ども心に家の事情を感じ、親の顔色をうかがって遊びたいのに遠慮するような、つらい思いはさせられません。

みんなが遊べる場所をみんなから預かった税で設ける。

子どもの遊び場が、アクセスしやすい駅前の一等地にあり、無料で使えることは、まさに「こどもを核としたまちづくり」の具体化でもあったのです。

子どもが遊んでいる間に、見守る保護者同士は挨拶を交わし、仲良くなれます。ママ友パパ友のつながる機会にもなっています。「子育て支援センター」もあるので、遊びのついでに気軽に相談もできます。相談に来てもらえれば、職員が家庭訪問に行く手間も省けるので、その時間を使って別の支援をすることができます。


明石市が手を差し伸べる対象は、小さい子だけではありません。

同じフロアに、中高生向けの「ユーススペース」もつくりました。スタジオがあり、無料でダンスやバンドの練習ができます。静かに読書や自習ができるフリースペースもある施設です。

他にも、キッチンルームや工作ルーム、明石たこ大使のさかなクンが考えてくれた展示スペース、一時保育ルームも設置しました。

「本のまち」が人を育む

子どものころ、私は「絵本を買って」と言えませんでした。お金がなく、受験勉強の参考書すら買えず、近くの本屋さんに行っては必死で立ち読みしていました。見かねた親父さんが店内に机とイスを用意してくれるようになり、私は東大に行けた。あのときのありがたさと申し訳なさは、決して忘れられません。だからせめて、明石の子どもには思う存分、本を読ませてあげたいと思ってきました。

1つの家庭で1500円の絵本を1冊買っても、1人の子どもしか読むことができません。でも、みんなから預かった税金で絵本を1冊買えば、何十人、何百人という子どもたちが良い本を読めるのです。今のような市民にお金がない時代こそ、みんなから預かっているお金で公が本を買う。

本はやさしさや勇気、想像力を育みます。

人の悲しみや痛みを知るのは難しいことですが、本を読むことはその支えにもなってくれます。誰もが本に親しめるまちにすることが、冷たいまちを変え、やさしい社会につながっていく。税金はこういうことにこそ使うべきです。

だからこそ、明石を「本のまち」にしたい。そう思ってきましたし、本のある空間は市民の願いでもありました。掲げたコンセプトは「いつでも、誰でも、どこでも、手を伸ばせば本に届くまち」です。

そんな本のまちの拠点となったのが「あかし市民図書館」です。駅近の便利な場所に移転し、お年寄り、子ども、障害のある方など、誰もが通いやすくなりました。ビル4階の全面を使い、面積は以前の4倍、本の冊数は2倍。児童書エリアの本棚は低めにつくってあるので、小さい子でも自分で読みたい本を選べます。

赤ちゃんのときから本に親しむことができるよう、同じビル内での4ヶ月検診のときには「ブックスタート」、3才半検診のときには「ブックセカンド」として、それぞれ読み聞かせと絵本のプレゼントを行っています。

幼稚園や保育所の「絵本保育士」の養成や、高齢者や障害のある人のための「読書バリアフリー」の取り組みも進めてきました。さらに移動図書館車を県内唯一の2台体制で運行し、病院や保育所も含めた市内81ヶ所で、本に手が届くようにしています。

さらには図書館だけでなく、民間の大型書店に声をかけ、同じビルの2階に入ってもらうようにしました。日本ではかなりめずらしい「公共図書館と民間書店が同居するビル」にしたのです。

当初は「図書館が上にあるなら、本は売れないのでは？」との声もありました。でも、図書館の専門家や指導を仰いでいた第一人者に確認すると、「絶対大丈夫」。ラーメンストリートのように人気が高まり、本好きが集まる場所になるのだと、意を強くして進めていきました。

図書館といっしょだと本が売れないというのも、単なる「思い込み」です。諸外国では成功事例がありますし、実際に関西の中でも売上上位の店舗となっているそうです。書店の横には大きな吹き抜けの屋内広場があり、ビブリオバトルなどの本のイベントだけでなく、さまざまな市民活動の発表の場に使われています。

「子ども」と「本」のビル。駅前の一等地のビルに、市民の思いが詰まっています。市民の声を聞かなければ、こうはならなかった。ギリギリのタイミングで市長に就任できて、明石のまちづくりを象徴するビルになりました。市民の声、市民の力で変えることができたのです。

厳しかったまちの空気が変わり始めた

明石駅前のリニューアルで、まちは大きく変わりました。もともと乗降客県内3位のＪＲ明石駅だけでなく、私鉄の山陽電鉄の駅も隣接、さらに広域の神戸市や東播磨・北播磨地域へのバス拠点もある交通の要所です。その中心市街地が、これまで以上の賑わいを取り戻しました。

変わったのは、駅前の景色だけではありません。明石の目指すまちづくりの姿が象徴的に具体化されたことで、まちの空気感も、市民の反応も、変わり始めました。

その変わりようは、外から見るとこんな印象だったようです。昔、明石から神戸に引っ越された方のツイッターの引用です。

「昔（阪神・淡路大震災前）、初めて明石に来た頃は、何十年も昔の世界に来たみたいで、若い人も少なく、街全体が灰色をしてた。その後も大してぱっとせず、嫌気が差して神戸に引っ越したが、その後である。市長が変わり、子育てに力を入れ始めてから、魔法のように変わった」。

もちろん魔法なんて使えるはずもありません。

子育ての「負担」と「不安」を軽減する。「安心」を提供する。安心なまちには人が集まり、経済もまちも元気になる。図書館で浮いた本代や、遊び場に払わずに済んだ余裕で、誕生日に家族で外食してもらえれば、商店街にもお金が落ちる。

子どもに手を差し伸べると、地域の経済が回り出しました。

市民の側から普通に考えればわかることです。それでもなぜか、どの政治家もやろうとしなかったのです。私はそれを「やろう」と長らく思い続け、市長になって実行しただけです。

そもそも市長選の公約には、計画の見直しを掲げていました。当選後の市民アンケートでも1位が本、2位が子どもです。当然、市民の希望を叶える施設にする。そのために関係者にも計画見直しに協力していただけるよう、強く働きかけました。それが市民の願いであり、市民との約束だったからです。


とはいえ、2011年に市長に就任してから、駅前にビルができるまでの最初の5年ほどは、四面楚歌でした。

「子どもや福祉や言うて、肝心の経済はどうするんや」。

厳しい反応にさらされてきました。

けれども2016年末に新たな空間が出現すると、市民がリアリティを持てるようになりました。「図書館近くてようなった」と声をかけてくれたお年寄りの方。「えっ、あんなにでっかい遊具がタダでいいの?」と話していた親御さん。「これでバンドの練習ができる」と喜んでくれた中高生。

その前からも人口増や税収増はすでに始まっていましたが、そんな数字は市民にとって意味を持たないのです。具体化され、実感ができてはじめて「市長さん叩かれまくってたけど、あの人が目指してるまちって、こういうことか」と空気が変わったのです。

こうしてようやく、あらゆる層に理解が広がっていきました。

おむつの無料配布で孤立防止

経済的負担の軽減と、寄り添う施策を組み合せたのが「おむつ定期便」です。子育て経験のある配達員が、0才の子どもがいる家庭を月1回訪問して、おむつ（ミルクや離乳食なども選べる）を届けます。「おむつくらい自分で買ったらええやん」「それこそバラマキでは？」と思うかもしれませんが、この施策のポイントは、無料ではなく「寄り添い支援」であるところです。

児童虐待で亡くなる子どもの半数は0才児です。おむつはあくまで「きっかけ」。訪問先で不安や悩みを聞き、子どもが生まれたばかりの親を「孤立させない」ことが大きな目的なのです。

実はこの施策も、他のまちをマネさせてもらいました。ある表彰式で横にいた滋賀県東近江市がおむつの宅配をやっていたのです。「これはええ！」とある絵が浮かび、明石市独自の工夫として、子育て経験のある方の相談支援も加えて導入したという経緯です。

児童虐待を防ぐために、おむつはとても好都合なのです。

赤ちゃんのいる家庭を訪問するきっかけになる。直接会って不安や悩みを聞き、孤立を防ぐ。その目的を果たすために、物理的にいい点がおむつにはあるのです。

答えは「かさばる」ことです。

玄関のドアのチェーンロックを外さないと、おむつを受け取れません。チェーンロックを外してもらえれば、玄関のドアが大きく開きます。反対にチェーンロックをしたままだと、わずか5センチぐらいしか開きません。

東近江市の話を聞いたとき、思い浮かべたのはまさにこのシーンでした。

家庭訪問に行っても、チェーンロックがかかったままだと、部屋の奥にいる子どもの顔は見えません。顔が見えなければ、子どもが元気なのか、体にアザがあるのかもわかりません。極論、無事に生きているのかどうかさえ、わからないのです。

決して大げさな話ではありません。2014年、ある痛ましいニュースがありました。我が子はすでに亡くなっていたのに、家庭訪問に来た児童相談所の職員に対して、人形に布団をかぶせて、ごまかしていたケースがありました。

そのニュースを聞いて不安になり、私もすぐに職員に指示して、子どもたちの様子を聞いてもらいました。

当時はまだ明石市に児童相談所はなく、県の管轄です。県から出てきた回答は、「明石市でトラブル事案は把握しておりません」という資料でした。

唖然としてしまいました。「把握していない」など「わからない」と同じです。見なかったらいい、トラブルがなければいいという話ではない。公の職務にたずさわる者として、まったく胸を張れることではありません。あらためて明石市で独自にリストをつくり直すと、やはり健康状態や生存が把握できていない子どもが実際にいたのです。

状況を聞くと、「家の奥にいるみたいですが、ドアを開けてもらえない」との回答です。「それを『はい』で済ますんかい！　窓ガラスかち割ってでも確認するからな！」。思わず言葉を荒げてしまいましたが、なんとしてでも子どもの安全を確認するのが当然の役割です。冷たい社会を変えるために市長になったのです。誰も置き去りにせず、すべての子どもに１００％会うのが当然のこと。

このときは職員があきらめずに訪問して無事を確認できましたが、子どもを守る現場には厳しい現実があります。弁護士時代にも、人間のどろどろしたリアリティを何度も経験してきました。

だからこそ、おむつ定期便で見守り支援をするべきだと決断したのです。

やさしいまちは、行政だけではつくれない

おむつの宅配を担ってくれたのは、子育て経験のある8名の方です。簡単におむつを届けるのではありません。困っている方にちゃんと寄り添い、話を聞く。誰でもいいわけではありませんから、研修もずいぶんとお願いしました。

出発式の日。私のもとにその8名が駆け寄ってきてくれました。「実は、子どもが自閉症でとても苦労したんです。だからせめて自分のできることをしたいと思って」「明石のまちづくりに、ちょっとでも関われることがうれしいんです」と口々に思いを打ち明けてくれました。

感謝を述べながら、胸が熱くなりました。うれしかったのです。「ついに明石は、そんなことを言ってくれる人がいるまちになったんだ」と。

市民が私へのメッセージを送る「市長への意見箱」には、おむつを受け取った方からの思いも届きます。

「担当の方が自分の子の成長を気にしてくれているのがうれしい」「1ヶ月前のことも覚えてくれていて、1人ぼっちじゃないと思えます」「軽い気持ちで愚痴ったら、そのあと行政からフォローの電話がありました」。

おむつ定期便が始まったのは2020年。他の4つの施策と比べても、ずいぶん遅いスタートでした。

その理由は、施策を実施する「人」が必要だからです。

既存サービスの無料化は、「お金のシフト」をすれば簡単にできる。市長の私が腹をくくりさえすればできることです。きっちり方向性を示して環境さえ整えれば、職員が形にしてくれます。一方、この施策には思いだけでなく、寄り添うことができる専門的なスキルが不可欠です。

市民へのさまざまな支援を担う人の量も質も欠かせませんから、市の職員だけでは到底間に合いません。普段から30万人の市民といっしょにまちづくりを進めていくことも、大事なポイントです。

そういう意味で、おむつ定期便は、「こどもを核としたまちづくり」が市民に広く浸透して、明石市がやさしいまちになってきたからこそ実現した施策だと思っています。10年でようやくここまできたかとの思いと、日頃からともにまちづくりを担ってくれる方々への感謝の思いが胸に溢れ、とても感慨深い気持ちで出発を見送りました。

最大のポイントは「所得制限なし」。見るべきは、親でなく子ども自身

無料化に関連して、「なぜ所得制限を設けないのか」とよく聞かれます。

「年収○万円以上だと児童手当がもらえない」。なぜ国はあんなにセコいのか。所得制限をかければ、予算の0の桁を1つくらい減らせるから、そして、少ない費用で「やってるフリ」ができるからです。

そもそも、なぜ親の所得で分けようとするのか。見るべきは親の所得でなく子ども自身です。もし所得を見るなら親でなく、子ども自身の所得。根本の発想から変えていかなければなりません。

明石市の5つの無料化は「所得制限なし」。対象は「すべての子ども」です。それにはいくつもの理由があります。

まず、所得制限で対象外とされる方々は、すでに多額の税金や保険料を納めているからです。

行政サービスには財源が必要です。そのための利用料を市民は税金として「前払い」「支払済み」です。だからこそ、国や行政が「一定以上の所得がある」だけでサービスの対象外とするのは、納得しにくいことでしょう。

一定以上の所得がある方から預けていただいた税金を一部の低所得の方だけに配ることは、社会に深刻な分断を招きます。

「あんたは金もらったやろ」「私はもらってない」。

個々の不満は、「もっと所得制限を厳しくしろ」。ついには「こんな施策やめてしまえ」という大きなうねりになりかねません。

「みんな」に必要な施策、それが子ども施策です。

いわゆる「中間層」には、子育て支援など必要ないと言う人もいます。でも今の日本は、中間層とて楽ではない社会です。消費税も介護保険料も制度開始から上昇し続け、国民負担率は増加の一途。それに見合うほど給与は上がらず、社会的な負担も重くなるばかりです。

ましてや子どもを産み育てることには、服に食事に病院にも学校にも費用がかかる。

お金も不安も大きな負担です。しっかり税金を預けているにもかかわらず、何の恩恵もない。子どもを産みたくてもためらってしまう。そんな所得制限のあるまちに、誰が住み続けたいと思うでしょうか。中間層がいなくなれば、まちにも行政にもお金は回りません。支援制度の維持すら難しくなります。

所得制限をかけず、苦しんでいる中間層にも光を当てる。そうすれば家を建てたり、子どもを習いごとに通わせることもできる。そうしてこそお金が回り、持続可能なまちづくりにつながります。

「所得制限なし」は、今の日本に必要な「経済施策」でもあるのです。

一方で「これ以上稼いだら給付の対象外になる、ほどほどにしとこ」と、やる気すら削がれる「130万円の壁」が立ちはだかります。扶養控除の対象から外れないためにパートの給料を月10万円で抑えようとさせ、人ががんばれないように追い込むなんて、理不尽なことを強いる政治は愚かです。支え手を減らすような発想を転換しなければなりません。

さらに言うと、子どもは親を選べません。金持ちの家の子だろうが貧乏な家の子だろうが、子どもは子どもです。

親の収入のせいで支援の対象外になる子もいれば、「親が申請しなかった」「連絡がつかなかった」せいで、逆に貧困家庭の子どもに支援が届かないケースだってあります。どんな子どもにも支援の手が届くようにするためにも、はじめから「所得制限なし」「対象はすべての子ども」にしておくことは必須です。

目先の話ではなく、未来のために

「子どもの未来」は「社会の未来」そのものです。

人は老いていき、いつか子どもたちがまちの未来をつくります。子どもを応援することは、私たち自身の未来を応援することでもあるのです。

自分たちのまちが「暮らし続けられるまち」であるために、未来を担う子どもたちを今の社会のみんなで応援する。みんなの税金で、まちのみんなで、すべての子どもを応援する。当然のことです。「子育て世代だけ優遇しやがって」みたいな目先の話ではありません。子ども施策は、みんなに必要な施策、ある意味「未来施策」なのです。

明石市はあれもこれも、幅広く子ども施策を展開していますが、「救貧施策」と「未来施策」は分けて考えています。

救貧施策は、どこのまちでも実施しています。支援が必要な一定の対象に、個別にスピード対応する。身近な基礎自治体が個々の事情に応じて寄り添う。現金給付も有効な手段です。

一方の未来施策は、社会全体で次世代を育み、未来につなげるベーシックな子育てサービスです。

明石市は「5つの無料化」を、まさに「未来施策」として実施してきました。だから現金を配るのでなく、サービスへの追加費用負担をなくして、所得制限も設けず「すべての子ども」を対象としています。現金バラマキ施策とは、そもそも根本の理念が異なるのです。

人口増のマイナス面

こうして明石市は、人口も、税収も、地域経済も、市民満足度も、それぞれが上昇する好循環になりましたが、一方で人口増のマイナス面も出ています。

大きく3つ。「周辺道路の渋滞」「保育園の待機児童増」「小学校の教室不足」です。新たな幹線道路の整備に着手し、小学校にプレハブを建て校区の見直しをしながらなんとかしのいでいますが、待機児童の数は、いまだに毎年ニュースでも取り上げられています。

2018年には待機児童数が571人で全国ワーストに。緊急対策を行い、その後4年連続で減ってきていますが、2022年も100人います。

〈保育所の確保〉

・受入枠を1000人規模で毎年拡大（2016年から6年間で2・3倍に）

・市の公共用地を提供

・建設にかかる費用の8分の7を市が負担

・幼稚園の敷地内に保育所を併設

〈保育士の待遇改善〉

・新たに明石市で働く保育士に、最大30万円の一時金を本人に直接支給
・勤続7年目の保育士に、最大160万円の定着支援金を本人に直接支給
・保育士の家賃や給料を直接補助
・保育士の子どもに保育所への優先入所権

〈市民への対応〉

・認可外保育所の利用者に月2万円の助成
・待機児童を在宅で育てる世帯に月1万円の助成

待機児童の解消に向け、「保育園落ちた日本死ね」と言われる前から先んじて、全国でもトップレベルの対策をしてきました。小学校であれば、「入学するのをもう1年待ってください」とは言えないはずだからです。

早い段階から、公立幼稚園の敷地に民間保育所を併設したり、緊急対策室を設置して環境整備を進め、受入枠を直近の6年間だけでも5900人分増やしました。2・3倍に拡大するほど重点的な取り組みを積み重ねてきたのです。単に受け入れ数を増

やすだけではなく、保育士の待遇改善、質の向上にも努めています。

実は待機児童の定義は、各自治体で違います。同じ基準ではない数値をいっしょに並べて公表しているのです。「認可保育園に入りたくても入れない待機児童」の数が、正確に反映されてはいないのです。

たとえば、「遠方の園なら空きがあるけれども親が拒否」といった、いわゆる「潜在待機児童」とされる人数。この数は、なぜか多くの自治体の待機児童数にはカウントされていません。

「入らないのは親の都合だから」との理屈ですが、あまりにも実態と乖離しています。役所目線の解釈すぎる。そう思うので、明石市ではこの人数も包み隠さず公表しています。

それでも関西のある市では、公表数は0なのに「潜在数」が1000人近く。関東のある市では、公表数が1桁でも「潜在数」は2000人以上です。

明石市とともにここ数年、公表数全国ワーストと報道されてきた自治体は2020年に突然、待機児童「0」と発表しました。選挙の影響とは察しますが、さすがに「ブルータス、おまえもか」という気持ちになりました。

数字はしょせん行政の裁量でいかようにもなる、見せかけでしかありません。市民の実感とは大きくかけ離れているのです。

ちなみに2022年4月の全国の公表数は2944人で、明石市の100人は3番目の多さです。でも「潜在数」を含めると、待機児童は全国で7万5491人もいます。1位から数千人規模の自治体が続く中、明石市は44番目の395人です。決して誇れるものではありませんが、行政に必要なのは、正直さだと思います。必死に改善しているのに、あいかわらずワースト扱いされるのは不本意な限りです。

待機児童の解消には大きな金も、人も必要です。それでも明石市は、実態に即して対応します。決してあきらめて見捨てたりはしません。

なぜならそれが、本来の政治の仕事だからです。

スタートは「経済」ではなく「人」

「あかん、これで明石は終わった」。

11年前の市長選にさかのぼります。開票会場で私の勝ちが確定した瞬間、相手陣営の立ち合い責任者がこぼした言葉です。

就任直後には、市の財政担当に告げられました。

「明石市は赤字財政で、どんどん基金が減っています。現時点で70億円残っていますが、40億円以下には減らさないでください」。

調べてみると、阪神・淡路大震災の1995年には162億円。わずか15年で、半分以下に減っていたのです。

「何言うてんねん。減らせへん、増やすから」。

そう言うと、「はあ?」とあきれた反応をされました。

市民だって「ふざけた市長や」「高齢者いじめて子どもばっかり」と、言いたい放題でした。誰もが、私が市長になると「景気が悪くなる」と思い込んでいたのでしょう。

子どもが大人になるには、最低でも18年かかります。「子どもへの投資は、株や為替みたいにすぐには回収できない」と言われてきました。

それでも私を選んだ市民と、ふるさとである明石の未来のために。まず「子ども」から施策を積み重ねていくと、その効果は想像以上に早く表れました。

毎年1000人減ると予測されていた市の人口が、増加に転じるまで、わずか2年。

「やっぱり」との思いでした。

これまでいかに日本が子どもを支援してこなかったか、明らかだったからです。

人が増えれば、地域も賑わいます。今では飲食店の店主も「いや市長、子どもはええわ。大事や」と寄ってきます。「あれほど嫌がっていた娘が、孫を連れて明石に帰ってくる」と喜んでいます。「10年前何言うてました?」と突っ込みたくもなりますが、まぁいいでしょう。

マンションの建設ラッシュが始まると、公共事業費を大幅にカットしたことから根強く市政に反対し続けていた建設業界も、本来の民間需要で潤い出しました。

就任時に70億円だった市の基金も、2021年には121億円に。50億円以上増やしました。

最近では、当初に思い描いた以上のことも起き始めています。

「住みたい自治体ランキング関西版」では、2018年の24位から毎年順位を伸ばし、2022年には6位にランクイン。「全国戻りたい街ランキング2021」では、福岡市を抑えての第1位。「本当に住みやすい街大賞2022 in関西」では、なんと西明石が第1位に選ばれました。さらに、2022年の関西の住民実感調査では、「子育てに関するサービスが充実している自治体ランキング」第1位となり、合わせて「住み続けたい駅」第1位に東部の人丸前駅が選ばれました。

昔は合コンで出身地を聞かれると、明石市民でも「神戸の近くです」なんて誤魔化していたのに、明石もずいぶんイメージが上がったものです。

神戸で飲んでいると、マスターが「そろそろ独立しようと思ってんねん。店出すとしたら、今はやっぱり西宮北口か明石かな」と言います。ずいぶん驚きました。駅前には高級スーパーが次々に出店し、有名ブランドのお店もできました。つぶれる気配などまったくありません。ミシュランガイドで星つきの天ぷら屋さんの移転話や、新ブランドの「兵庫県初出店・明石にオープン！」といった話も増えてきました。


根気強く、あたりまえのことを言い続けてきました。

「税金で商店街に立派なアーケードをつけても儲かりません。それではお金は回りません」「市民が使えるお金を増やせば、お店も流行ります」。

ずっと伝え続けてきました。天動説の時代に地動説を唱えていたコペルニクスの気持ちです。

それでも、対立陣営も議会も職員も市民も、みんな口々に「子どもよりも産業振興を」「まずは企業を支援して、景気を上げろ」と言うのです。「景気が良くなったら、給料も上がり、子どもも増える」と。

かたくなにその順序に固執してきた日本の現状は、経済は上向かず、子どもの数は減りつづけています。

まずは企業、で終わり。いつまで経ってもお金は一般市民にまで回ってきません。本来、最初に大切なのは「人」のはずです。それなのに、いまだに放置されたまま。政治が最初に見るところも、スタートも違っていたということです。

支援は「企業」からではなく「子ども」から始める。「子ども施策」は「経済施策」です。子どもを本気で応援すれば、市民の側からお金は回り始めます。人も集まる。まちが賑わう。子どもにやさしいまちは、みんなにやさしいまちになる。子どもたちはまちの将来を担うので、結果としてみんなを支える。みんなが暮らしやすいまちとなるのです。

「国が養育費を肩代わり？　正気ですか？」
とのことですが、もちろん正気です。
フランスやドイツや韓国では、
国が養育費の肩代わり（立替）をしていますし、
イギリスやアメリカは
強制徴収（給料天引きなど）と罰則があります。
何もないのは日本ぐらいです。
日本の政治が正気じゃないのかもしれません。

2章

「お金の不安」と「もしもの不安」に向き合う

——まちのみんなで「寄り添う」支援

誰も取り残さず、あれも、これも

子育ての経済的な負担を軽減する「5つの無料化」は、市外からもずいぶん注目されるようになってきました。それでもいまだに国も他の自治体も、なかなか動こうとはしません。

「無料化で子育て層が来るんですか？」取材や視察に来られた方によく聞かれます。もちろん、無料化だけで人が来るなんて考えてはいません。「お金の不安」が軽減されても、それだけでは不十分。もう1つ大きな気がかりが残っています。「もしもの不安」です。

共働きや核家族が今の主流。子育て世代ではよくある家族のカタチです。こうした社会状況では、子どもや自分、家族の身に「もしものことがあったらどうしよう」と不安になりがちです。近所や親戚に突然頼るのは、かなり難しいでしょう。

安心が見いだせなければ、産み育てるのをためらって当然です。家族にだけ責任を押し付ける社会に希望を見いだすことなど、できるはずもありません。子育ての責任を家族だけに任せられる時代など、もうとっくに終わっているのです。

子どもの未来は、社会の未来。だからこそ、みんなの税金を使い、社会みんなで子どもを育てる施策が求められているのです。

必要なのは「子育ての社会化」です。

時代状況をしっかり認識し、古い発想や制度を切り替えていかなければ、人も社会も疲弊していくだけ。「お金の不安」を軽減する施策、「もしもの不安」を軽減する寄り添い型の施策、もちろん両方とも実施しなければなりません。

海外の事例を調べるなどして、市長に就任するずっと前から、あれもこれもと検討を重ね、練り上げてきました。思いつきで施策を実施することなどありません。市長はまちに責任を負い、施策の結果にも責任を負うのです。市民のために冒険などできません。外してはならないのです。市長は元来、石橋を叩いて渡る慎重な立場にあります。

私は常にまちの空気、時代状況などを冷静に見極めながら、長年計画してきたことを効果的なタイミングを見計らって、市民ニーズに被せるように着実に「置きにいく」感覚で施策を進めてきたつもりです。

順次実施してきた「寄り添い」支援も、もちろん慎重に置きにいきました。それでもいまだ、就任前から「やろう」と思い続けてきたうちの、ほんの一部にすぎません。

・養育費の立替払&親子の面会交流支援
・児童扶養手当の毎月支給
・戸籍のない子どもの支援
・こども食堂をすべての小学校区で開催
・児童相談所の設置・改革

ただ、同じ子ども施策であっても、お金さえシフトすればいい「5つの無料化」とは違い、簡単に「できる」とは言えないのが、これらの「寄り添う」支援です。個々の人に寄り添う支援は、マニュアルで一律対応するのとは大きく異なります。個々のケースに応じた、きめ細やかな対応が欠かせません。当然、予算だけでなく、専門性を有する人の確保や相談支援の組織体制も整える必要があります。そうでなければ安心などできません。

とりあえず人さえ配置すれば誰でも、とはいきません。気持ちだけあればできる仕事ではありません。心も必要、問題解決に導く専門性も当然必須です。そんな人が簡単に集まれば苦労はしませんが、残念ながら専門人材は全国で不足しています。育成も含めた取り組みが急務です。

よく自治体の宣伝で、「〇万円あげるから移住しませんか」という話を見聞きすることがあります。でも、我が子の将来を考えたとき、本当に一時金だけで引っ越しをしていいのでしょうか。札束で頬を叩くようなまちを本当に我が子の故郷にしていいのでしょうか。「それで人が来る」という発想自体が疑問です。市民をあまりにも軽く見ているのではないでしょうか。

一時的な損得でなく、日々の生活、将来への安心を地域や行政が提供できなければ住み続けることはできない。そう思えてなりません。

「お金の不安」と「もしもの不安」。2つの不安に真摯に向き合い、「安心」を積み重ねていけると信じられるからこそ、そのまちは選ばれ、人々が来る。明石市はそのような認識で子ども施策を実施しています。

単に施策の外形的な枠組でなく、そもそもの子どもやまちづくりへの思い、根本の「理念」をしっかり理解、共感いただき、市民といっしょにやさしいまちに変えたい。明石だけでなく全国の子どもへ広げたい。子どもに寄り添い、支援することが、子どものの未来にも、まちの未来にもつながると信じています。

不条理を放置しない「離婚前後の子ども養育支援」

結婚する人が減り、それにともない離婚件数もゆるやかに減少。それでも日本では1年に20万組ほどが離婚しています。そのうち未成年の子どもがいる割合は、2020年で約6割。およそ20万人の子どもが親の離婚に巻き込まれています。

「どっちが連れていく?」と、子どもがまるでカバンのように扱われていることに疑問をいだいたのは、弁護士になりたてのころでした。

依頼人の代わりに小学生のお子さんを学校まで迎えに行ったときのこと。その子が泣きながら、「本当は離婚なんかしてほしくない。自分にとってはいいお父さんだから」と訴えてきました。

「この子の声を代弁する大人がおらんやないか……」と胸が苦しくなりました。

離婚の際、必要であれば夫にも妻にも弁護士がつきます。それなのに、子どもに弁護士はつきません。子どもの存在を無視した、荒っぽく、めちゃくちゃな制度が日本では運用されていました。

調べてみると、世界では「子どもができる限り離婚の影響を受けないように」するのがあたりまえ。「子どもの養育に関するルール」を設けている国は、たくさんあったのです。

子どもを守るルールがない。子どもの声を代弁する大人がいない日本。

なぜこんなひどい事態を平気で放置しているのか。なぜ変えようとしないのか。「従来のルールだからしょうがない」と思考停止することなく、今の現実社会に、実際に暮らす市民にしっかり向き合う。「公」に関わる人が欠いてはならない、もっとも基本的な姿勢のはずです。

それでも、向き合うことをしない。向き合おうとも思ってもいない。旧来の慣習が今の社会にそぐわないのに、現実を鑑みないのは怠慢だとの思いです。政治も行政も、それに関わる人も、みんなが漫然と放置してきた。それが問題の根底にあると睨んでいます。

ここにも発想の転換が必要です。当然、すみやかに。気づいた者が見過ごさない。時代に合わない不条理を変えることは、政治や行政の「存在意義」そのものに関わることです。

国会議員のころ、このテーマをなんとかしようと動きましたが、当時はまともに取り合ってくれないような状況でした。

それなら、何もしようとしない冷たい社会をまず明石から変える。具体的な問題解決につながるよう、市長就任後、第一人者の方々に知恵をお借りしました。毎月1回、勉強会を開催。全国どこでも実施できるしくみにすることを意識して、入念に検討を重ねていきました。

その成果として、まずは離婚届を取りに来られた方に「こどもの養育に関する合意書」などの参考書式を配ることを始めました。

養育費の金額はもちろん、支払い期間や振込口座、子どもの生活拠点、面会交流の方法や頻度・場所などを記入できます。市への提出書類ではなく、法的な強制力はありませんが、公正証書を作成する際の資料として活用できます。希望者には、法テラスの窓口をご案内することもあります。

2014年に明石が始めた取り組みは、2015年度の厚生労働白書で紹介されました。その後、法務省が明石をモデルにパンフレットを作成し、２０１６年から全国の自治体に配布。１つの自治体が始めた取り組みが、国を動かしたのです。

その次は、離婚後の子どもの「面会交流支援」を始めました。

自分の親に会うこと、面会交流は「子どもの権利」です。子ども自身が会いたいと望むなら、離れて暮らす親に会えるよう支援する。ここでも見るべきは「親」ではなく「子ども」。子どもの意思と権利を尊重するのが、明石市の立場です。

「別れた親に会わせていない」というひとり親家庭は5割以上。だからといって、離婚で心も体も疲弊している親に「子どもが会いたいと言ってるから、会わせなさい」と言うのは、あまりに酷な仕打ちです。

そこで明石市では、別れた親とその子どもが面会する場に、市の職員が立ち会うようにしました。連絡も職員が代理で行います。

保育園で周りの子がお父さんの絵を描いているとき、「お父さんのことは大好きだったのに、顔が思い出せない」。そんなとき、子どもが会いたいと望み、同居親が納得すれば、市の職員が別れた親に連絡をとります。職員が汗をかき、知恵を出し、対面を実現する。２０１６年から始めた取り組みは３００回を超えました。

面会交流を始めた2年後に、子どもの養育費の立替え支援も開始しました。2018年のことです。

厚生労働省の調査では、養育費を実際に受け取っている割合は、母子家庭では4分の1以下。1度も受け取ったことのない家庭も半数以上あります。これまで日本では、泣き寝入りが普通のことになっていたのです。養育費をアテにしていたら「えっ？」と言われかねない。その感覚のほうがおかしいことに、世の中の多くの人が気づいていませんでした。

養育費の不払いは、アメリカでは「犯罪」です。北欧諸国や韓国では、国が養育費を立替えたり、強制徴収（給料から天引き）する制度があります。

立替えも、強制徴収も、罰則も、何もしてこなかったのは冷たい日本くらいです。到底見過ごすことはできません。

他国の制度を参考に、全国初となる養育費の立替えを明石市独自で始めました。

明石市からの提案が採用され、まず民間会社と連携した立替えを2018年に実施。あたりまえですが「審査なし」。これは先行した明石市だけです。民間では採算性がなければ実施は厳しいため、その後に続いた自治体では別の制度のように「審査あり」

で導入されています。審査が入れば、支払い義務者の資力が問われ、本当に支援の必要なお金のないケースでも制度が利用できず、救われないことになりかねません。海外のように公の行政が立替えを行うべきです。

こうして民間とのパイロット事業を経て、明石市では２０２０年から、まずは１ヶ月分の公的立替えを市単独で開始しました。

市の制度では、支払い義務者に市が直接働きかけます。支払いがなければ、義務者に市が督促。それでも不払いなら、市が養育費を立替えし、義務者から回収するしくみです。２０２２年には立替え期間を３ヶ月に拡充。裁判所への差押手続きの支援も開始しました。

そもそも養育費の取り決めがないのは、母子家庭では半数以上という厚労省の調査結果が公表されています。ですからもちろん、取り決めも市が支援します。取り決めから立替え、差押えまで総合的に支援しているのが明石市の特徴です。

それだけではありません。子ども養育専門相談をはじめとする相談・情報提供のほか、関係機関と連携するネットワーク会議を定期的に開催するなど、国に先んじて子ども養育支援を続けてきました。

しかしながら、これも明石市だけの問題ではありません。全国の自治体どこでも共通で、喫緊の課題なのです。

子どもやひとり親家庭の貧困の原因は、まさに「政治・法律の貧困」です。

少子化、格差社会、貧困の連鎖など、社会課題の解決の観点からも、本来は国がすみやかに法整備をするべきだと訴え続けています。

お金を渡すだけが仕事ではない「児童扶養手当の毎月支給」

ひとり親家庭や、父親か母親に重度障害がある場合、国が手当を支給する制度があります。数ヶ月分のまとまったお金が児童扶養手当として振り込まれます。

本来、子どものためのお金です。でも、まとまったお金を手にすると、まるまる借金返済に充てたり、パチンコに使ってしまい、次のお金が入るまで生活が苦しくなるケースが少なからずあります。子どもでなく、別のことにお金が消えていくのです。事務は現場に近い市区町村が行うので、遠くにいる国は実態が把握できていないのでしょう。

4ヶ月分の「まとめ支給」が、ようやく法改正されたのが2019年。それでも2ヶ月分を年6回、「小まとめ支給」のままです。

単にお金を振り込むことが目的の仕事ではありません。お金がきちんと子どものために使われるようにすることが目的のはずです。

子どもを扶養するためにお金が使われないなら、なんのための制度なのか。家計管理が難しいなら、収入の波を平準化する。役所の事務負担の都合でまとめ支給するのでなく、やりくりしやすいよう、毎月渡せばいいのです。

そこで、希望する方への「毎月支給」を市独自で実現しました。

支給のない月に1ヶ月分を無利子で貸付、2ヶ月分の支給のある月に1ヶ月分を返してもらう。こうして実質、毎月収入がある状態にすることで、家計の安定につなげています。

実は、こうした支援が必要な方ほど、自分から役所にアプローチしてこない傾向が見受けられます。そして「乳幼児健康診査を受けていない」「家庭訪問に行っても会えない」など、健康状態の確認ができていないケースの中には、児童虐待を受けている子どもがいる可能性があります。

身近な基礎自治体こそが、その可能性を察知し、虐待から子どもの命を守る本気の取り組みを日常的に行うべき使命と責務を有しています。

明石市では、妊娠期から子どもを支援する「妊婦全数面接」を実施。会場だけでなく家庭訪問でも対応してお腹の中の子ども全員に会います。

また、母子健康手帳の申請に来られた際、保健師・助産師が妊婦ご本人と面談し、5000円分のタクシー券もプレゼントします。お母さんたちからは「ありがたい」と評判ですが、役所目線で逆から言うと、インセンティブで5000円もタクシー券をもらえるのに来ないのは、「何か事情があるかも」と考えます。そのような家庭こそ、なんらかの困りごとを抱え、支援を必要としていることが多いので、早期の寄り添う支援につなげていきます。

ポイントは早期、総合、継続支援です。

子ども本人に100%必ず会う「乳幼児全数面接」も実施しています。

乳幼児健診のとき、健診会場では98%ほどの子どもに会えます。残りの2%の子には、夜間でも休日でも、保健師が家庭訪問します。家庭にいなければ、スーパーで待ちかまえてでも子どもに会う、そういったことを明石市は現にしています。

それでも子どもに会えなければどうするか。

児童手当の振込を一旦止めます。窓口での直接受け取り方式に変更するのです。自分たちの「まちの子ども」です。誰ひとり見過ごさない。すべての子どもの健康を確認するのは、行政として当然のことです。子どもが生きているのかどうかも確認できていないのに、漫然とお金を振り込むのは怠慢でしかありません。

本音では、子どもを確認できるまで児童手当を止めたいくらいです。けれども、厚生労働省に確認すると「気持ちはわかりますけど、支払わないのは違法です」と言われました。それでも「振込を止めて、手渡しにすることはセーフです」とアドバイスいただきました。官僚組織の中にも、心ある対応をしてくれる良い方々がけっこういるのです。

こうして、子どものためのお金は「子どもの顔を確認できるまで渡せない」とのスタンスで、これまで100％子どもに会うことを続けています。

税金を振り込んだら、それで終わりでは決してない。みんなのお金が、子ども一人ひとりの栄養や愛情に変わっているところまで見届けるのが、行政が本来行うべき大事な責務です。

人数の問題ではない「戸籍のない子どもの支援」

戸籍がない。どこにも登録されていない。そのことで存在しない人間にされてしまう。無戸籍の問題は、長らく日本で放置されてきました。

私たちと同じ社会で生きているのに、いないことにされ続け、そもそも人数すらわからない。法務省が把握しているのは2022年3月で832人ですが、支援団体によると、直近の20年で、少なくとも1万人は無戸籍の人が出ていると推計されています。

なぜ戸籍がないのか。

民法772条の規定で、離婚後300日以内に生まれた子どもが前夫の子とみなされるため、出生届を出すことができないという問題の他、虐待、ネグレクトが背景にあるケースもあります。子どもが望んで無戸籍で生まれてくるのではないのです。

こんな制度を運用しているのは世界中で日本くらいです。国のつくった制度が、国民のためにならず、国民に不利益をもたらしている。それが放置され続けています。

戸籍がないと、社会から孤立してしまう。困難を抱えてひっそり生活する。自ら助けも呼べず支援も届かない。無戸籍の悲劇は、現実に起こっています。2020年には大阪で、戸籍がない高齢女性が餓死。衰弱した無戸籍の子が保護される痛ましい事件が報道されました。

深刻な事態は私たちの身近にあります。全国どこのまちでも、同じように無戸籍の方が今もいるはずです。

法務省は、2014年7月、初の無戸籍者の実態調査を開始しました。明石市内にも数名の無戸籍者がいるとみられたことから、同年10月、市が独自で「無戸籍者のための相談窓口」を開設しました。

実は単に戸籍がなくても、ほとんどの市役所の行政サービスは受けることができます。当然の権利として小中学校に通うことができ、国民健康保険にも加入できます。けれども、その事実を知らない方も多いのです。

相談支援を行うだけでなく、実際に戸籍をつくるために裁判所へ申し立てる費用の補助もしています。初年度だけで6名、これまでに27名の相談に応じ、生活支援や戸籍取得を続けてきました。

制度のはざまで見過ごされてきた人を行政が放置し続けることなど、あってはなりません。困難な事情を抱え続け、やっとの思いで役所に相談したのに「事情はよくわかりました。でもすみません、人数が多くないから見なかったことにします」なんて、ありえないことです。

人数の問題ではありません。誰ひとり置き去りにしない。私たちの社会に必要なあたりまえの支援なのです。決して過度な支援ではなく、全国どこでも当然実施すべき施策です。

ある人を支援したときのことです。

義務教育を受けておらず、字は読めるけれども計算ができませんでした。買い物するとき「600円の3割引と500円の2割引、どっちが安いかわからない」と言うのです。そこで小学校の先生だった方に協力してもらい、まず学習支援を行いました。さらに100円ショップで電卓を買ってきてお渡しすると「これはすごい」、図書館の利用カードもすぐに発行したところ、「生まれて初めて図書館で本が借りれた」と喜んでもらえました。

2021年には「無戸籍24時間相談ダイヤル」を開設しました。それまでの間、法務省に何度も直接かけあってきましたが、期待したほど本格的な動きは見られず、やむなく市独自での開設です。
対象は、明石市民だけでなく、日本にいる「すべての無戸籍者」。国が見捨てても、明石市は見捨てはしない。無戸籍で生まれたくて、生まれてくる子どもはいない。これは、私たちの社会のみんなの問題なのだという強い気持ちで支援を続けています。

やってるフリで終わらせない「こども食堂を全小学校区で開催」

こども食堂は、子どもが1人で行くことができる食堂です。ごはんを食べたあとは宿題を見てもらったり、困ったことがあったら話を聞いてもらうこともできる。歩いて行ける「子どもの居場所」。だから明石市では、すべての小学校区にそれぞれこども食堂があります。

人口30万人の明石市でも、小学校区は28に分かれています。普段から先生も親も、小学生には「子どもだけで学区外に出たらあかんよ」と指導しますから、子どもが自分の足で通える場所でなければ意味がありません。

国や県はなぜか「市町村に1、2ヶ所ずつあればいい」と言います。

残念ですが、現場から遠い政治というのは「やってるフリ」をしてしまいがちです。たとえ立派な食堂を1つ建てたところで、誰のためになるのかと疑問に思います。たとえ立派な箱ができても、子どもたちが自分で行けない場所にあれば、子どものためにはなりません。

明石市はフリではなく本気です。市内47ヶ所、日頃から身近な小学校区のすべてで運営を続けています。それらは単に「食べる」だけの場所ではありません。学校とは別の子どもの居場所であり、地域における「気づきの拠点」でもあります。

顔馴染みになれば、子どもが自らSOSを発しなくても「あれ、今日あの子来んけど、どうしたん?」「なんかいつも同じTシャツ着てるかも」と、ささいな変化に気づくことができるのです。食堂に来る親の様子を見るだけでも、家庭の状況がかなりわかる。そこから児童相談所につないだり、子どもがいわゆる「ヤングケアラー」だとわかって、行政窓口につないだりすることもありました。もっと直接的に「親が学費を出してくれへん」と相談され、市の新しい奨学金制度につながったこともあります。

こども食堂に来る子だけではありません。

こども食堂に来たほうがいいのに来ない子の情報も共有し、行政が家庭訪問をして、必要な子どもには食事を届けています。難しいことではありません。子どもたちに近い基礎自治体だからできることなのです。

とはいえ、全小学校区でこども食堂をするには、行政だけでは回りません。市の職員だけでなく、市民といっしょにまちづくりを進めていくことが不可欠です。

実際に明石のこども食堂は、飲食店もあれば、自治会、民生児童委員、地域のボランティアの方が公民館で開催するなど、形態はさまざまです。

かつての総理大臣が、全国のこども食堂にこんなメッセージを送りました。

「あなたは決してひとりではありません。こども食堂でともにテーブルを囲んでくれるおじさん、おばさん。学校で分からなかった勉強を助けてくれるお兄さん、お姉さん。あなたが助けを求めて一歩ふみだせば、そばで支え、導いてくれる人が必ずいます」。

心底がっかりしました。市民がボランティアでなんとかやっているのが現実なのに「必ずいます」なんて、現場を知らなさすぎる。「公の責任をまったく果たす気がない」と、全国のこども食堂関係者は受け取ったことでしょう。

国民の日常生活から遠くかけ離れたところに政治があるのは、お互い不幸なことです。自らの政策理念を「自助・共助・公助」と述べ、「就任早々いきなり自助を勧めるなんて、政府の役割を放棄している」と批判された総理もいました。

全国の実態を見れば明らかなとおり、地域のこども食堂は「共助」の最たるものです。「共助」を行政が「公助」する。明石市では、こども食堂を開いてくれる方に公費を助成しています。開設に5万円、運営1回につき2、3万円。渡し切りで領収書の提出など求めません。

「不正受給が起こるのでは？」と心配されるかもしれません。もちろん要綱には「不正があれば返還を命じる」と書いています。それで十分です。

そもそも儲けがあるわけでもなく、ギリギリの額。レシートを日付順に並べて、ノートにペタペタ貼っていく。そんなことに時間を使うくらいなら、少しでも子どもの顔を見て遊んだり相談に乗ったり、いっしょに過ごしてもらうほうがいいに決まっています。

行政の仕事は、市民の悪意を暴くことではありません。

市民を疑い、何千枚も領収書をチェックする暇があるなら、職員も現場に行って市民といっしょに野菜を切り、子どもに直接向き合えばいいのです。

子どものために動きたい市民に事務負担を強いるのは、筋違いです。

市民の善意はできる限り子どもに向けてもらう。その妨げになる負担を取り除き、子どもを支援する市民を支える。それこそが行政の役割です。

まちの「共助」を行政が「公助」する。市民の温かい思いをまちと子どもたちに活かせるよう、すべてを任せて頼りっきりにせず、事務手続きも、広報の手間も、運営費用も、公の責務として日常的に支援する。これが明石市のまちづくりのベースにある姿勢です。市民の「共助」があってこそ冷たい社会を変えていける。そう信じて市民とともに歩んでいます。

まちの迷惑ではなく、まちの誇り
「児童相談所の設置と改革」

児童虐待は30年連続で増加しており、２０２０年には過去最多、20万件を超えています。痛ましい事件が後を絶ちません。背景には、さまざまな根深い問題があります。児童相談所があまりに少ないこと、その運用面に大きな課題があることも、それらの1つです。

日本がいかに子どもに冷たいか。

制度や定義は異なりますが、ドイツの児童相談所にあたる「青少年局(Jugendamt)」は、人口約16万人に1ヶ所。一方、日本の児童相談所は人口約58万人に1ヶ所です。日本にはドイツの約4分の1しかありません。虐待件数の増加に対応できていないのです。

現在、都道府県と政令指定都市には「設置義務」があり、すべてに児童相談所があります。中核市(62市)と特別区(東京23区)には設置の「努力義務」しかなく、児童相談所のない自治体が多数を占めます。一般の市区町村には、そもそも児童相談所を設置する権限がありません。

努力義務だからしてもしなくても、どちらでもかまわない。そんなテーマではありません。子どもが死んでいくのを放置し続ける、そんなことが許されていいわけがない。すべての中核市が保健所を設置しています。保健所ができて、児童相談所ができないわけがありません。「金がかかるから」「まちのイメージを損ねるから」児童相談所を置かないなんて、ありえません。何のために中核市や特別区に設置権限があるのか。

そもそも誰のために自治体、政治はあるのか。強い憤りを感じています。国の基準が曖昧な現状で、児童相談所を設置している中核市は2022年でわずか4市、特別区では7区にとどまっています。

私は最初の市長選の公約に「中核市移行」を掲げました。移行時に国や県からさまざまな権限が移譲されるからです。これによって、保健衛生、福祉などの行政サービスが身近に提供できるようになるのですが、保健所や児童相談所もその1つです。ただ当時は、移行要件を明石市は満たしていませんでした。そこで市長就任後、全国市長会の代表として国の地方制度調査会に出席、中核市の要件緩和を強く働きかけました。

その結果、2014年に人口要件が変更されます。明石市の中核市移行は2018年、ようやく児童相談所を設置できる権限を手に入れることができたのです。

設置する前、自ら全国を回り、13都市の児童相談所を見てきました。とても子どものための施設とは思えないようなところもありました。こんな状況を放置していいわけがない。

弁護士時代から、児童相談所のあり方に疑問を感じてきました。子どもに本気で寄り添っているとは思えなかったのです。

だからこそ「子どものための」児童相談所を自らつくり、すべての子どもを本気で守り抜く。しっかり支え、寄り添っていく。たとえ親が見捨てても、明石市だけは見捨てない。自分たちのまちの子どもは、自分たちで守る。県任せにせず、市の使命、役割で守る。揺るぎない気持ちで、子どもの心も体も死ぬことのないように児童相談所を新設しました。

子どものための環境を保証するため、子ども目線の改革も取り入れています。

児童相談所と同時に一時保護所も整備しました。定員30名、人口比で東京の7倍の受け入れ数のうえ、原則個室です。

運用面でも改善を図っています。

小中学生は一時保護所から「元いた学校」に通っています。海外ではあたりまえのようにできていることなのに、残念ながら日本では過度にリスクを恐れる風潮が強く、これまで通学できなかったのです。せめて明石市だけでも変えていこうとの思いで、学校や警察とも調整して実施しました。他の自治体でもできることだと思っています。

親と離れても、せめてともだちと話せる環境をつくる。それは保護した行政の責任です。

基礎自治体だからこそ、学校現場と連携ができます。送り迎えに職員が付き添えば、子どもの環境を大きく変えることなく、学校生活を送ることは可能です。一時保護所は不幸な場所ではありません。子どもたちの安らぎの場所であるべきだと考えています。一日も早く全国に広がることを願っています。

東京都港区では、児童相談所の建設をめぐり地元住民の一部から強い反対がありました。「青山にふさわしくない」「土地の資産価値が下がる」。翌2019年、千葉の小学4年生の虐待死など相次ぐ報道もあり、数は減ったものの、2年後の開設前でも反対の声が続いていました。

ありがたいことに明石では、市議会が全会一致で設置を可決。建設費だけでなく人件費も莫大にかかる案件です。それでも「明石がやるべき施策」だと認め、全員が賛成したのです。

設置場所は、大きなイオンとマンションが立ち並ぶJR大久保駅前の一等地。明石駅の2つ西隣、市の中心地です。それでも地域の反対などありませんでした。児童相談所は迷惑施設ではありません。子どもを本気で守ろうとする市民の誇りです。まちのみんなで子どもを守る。そんなまちこそが選ばれ、発展していくのです。

国のルールを守っていたら、市民が不幸になる。人がいなければ、育てればいい

2019年、児童相談所の開設時、明石市は国の基準の倍以上の職員数でスタートしました。児童福祉司は当時の国基準だと原則人口4万人に1人、明石市なら7〜8人という計算になります。そんな人数で子どもを守れるわけがありません。倍以上の18人を配置しました。児童心理司も倍の8名。保健師は1人でなく4倍の4名。弁護士も「配置かそれに準ずる」とされているところ、男女1名ずつの「2人が常駐」する体制にしました。

実際始まると、それでも足りません。

早い段階から総合的に最適な支援をするには、人の数も専門性も必要です。国基準を上回る人件費はすべて明石市民の負担。それでも子どもの立場から考えたら、必要

なことです。たとえ自治体の自腹でも、やるべきことのはずです。

国の基準はその後、一部が若干見直されました。それでもまったく足りません。論外です。

どうしてこんなに子どもが死に続けるのか。

国の制度だけでなく、それに沿って漫然と続けてきた児童相談所の慣行にも大きな問題があります。国のルールを守れば、子どもが不幸になる。救える命も助けられない。子どもに冷たい社会を政治が放置して続けています。

それでも事件が起こると、世間もマスコミも「何もしてこなかった」と児童相談所の現場を責めます。そして「なぜ救えなかったのか」と個人を、職員を叩く。人の数も専門性も足りず、虐待案件は年々増え続け、マスコミからも親からも叩かれ、疲弊する。そうなれば児童相談所は余計に何もしない、できなくなります。関わって叩かれるのであれば、関わらないでおこう。そんな風潮ではますます悪循環に陥ってしまいます。

どこも「人がいない」と言います。そもそもの専門人材が不足していると言われています。

いなければ、「自ら育てる」のです。

明石市は市有地を提供し、全国2ヶ所目となる国立の研修センターを2020年に立ち上げました。児童相談所、児童福祉施設などをはじめとする子ども虐待対応機関や施設の職員だけでなく、全国の自治体も対象にして、オンラインを活用して研修を実施しています。

子どもにしっかり寄り添える人を明石で育てる。全国の子どもたちを守る。人がいないことなど、言い訳にしてはならないのです。

このような状況下で、全国の児童相談所は子どもを一時保護しています。

こうした一時保護に関しては、子どもの権利条約違反と指摘されてきました。日本は今、事前審査なしに所長の判断だけで強制的に保護。事後の審査も2ヶ月以上経ってからです。欧米主要国では一時保護の際、すみやかに司法審査するしくみが整っているのです。日本は国連の子どもの権利委員会からも勧告を受けている状況です。

さまざまな子どもの権利を守る観点からも、まずはすみやかな外部評価を導入すべきです。明石市は2021年、外部の専門家や弁護士で構成される第三者委員会を立ち上げました。

保護されたすべての子どもと外部の第三者が、直接面会して声を聞きます。保護者の声も聞き、児童相談所と別の目で見て判断し、市は外部意見を最大限尊重します。国も翌年、児童福祉法を改正し、数年後には司法審査が導入されますが、子どもや保護者の声を聞く制度ではありません。大事なのは児童相談所の立場を強化することではないはずです。子どもの立場、子どもの権利を守るための制度でなくては意味がありません。

子どもの育ちを応援するため、明石市では地域と連携して、こども食堂だけでなく、「里親」にも本気で取り組んでいます。

日本には家庭で暮らせない子が4万人以上。ここ20年ほぼ横ばいが続いています。国は家庭的養護の推進を掲げますが、里親家庭で暮らしている子はいまだに2割以下。制度が異なりますが、欧米主要国ではおおむね半数前後が里親家庭で暮らしています。

なぜ里親が広がらないのか。

日本では里親に子どもを預ける権限が児童相談所とセットにされています。そのため、児童相談所のない市区町村に里親に関する権限がないのです。それでも明石市では、児童相談所の開設前から市民に呼びかけ、県の里親制度に登録する人を増やすなど積極的に取り組んできました。

その後の児童相談所の開設に合わせ、里親相談室を「あかし里親センター」に拡充。子どもたちの環境が大きく変わることのないよう、まちのみんなで応援し、地域で、同じ校区で育てていくことができるよう「あかし里親１００％プロジェクト」を展開しています。

市内の全小学校区で里親家庭を確保することを目標に、地道に取り組みを続け、児童相談所を開設する前の２０１７年４月、市内13小学校区23家庭だった里親は、２０２２年９月には21小学校区51家庭にまでなりました。

こども食堂、児童相談所、そして里親。

こうしたまちづくりをすることは、子どもたちだけでなく、まちのためにもなります。子どもに本気のまちこそが、住み続けたいと本当に思える、みんなにやさしいまちになるのです。

面倒は「社会がみて」あたりまえ

かつて日本にあった大家族の村社会の制度は、農業漁業中心の社会では一定のセーフティネットとして機能していました。

何かあれば、家族の誰かが面倒をみる。たとえ障害があっても、漁師の村なら網を引っ張る仕事がある。みんなで分ければなんとか食べていくことができる。村社会のコミュニティの中で助け合い、生きていけるしくみが有効に機能していました。

そんな時代はすでに終わっています。会社勤めの方が増え、共働きも増え、核家族は普通のカタチ。高齢化も進んでいます。身内の助け合いの枠組みはなくなり、もう使えません。家族任せでは支えきれない社会に変わったのです。

それなのに、いまだに「家族の面倒だから、家族が見てあたりまえ」という価値観だけが社会に根強く残っている。意識がアップデートされていないのです。

母親が「この子を残して死ねない」と、障害のある子どもと無理心中するのが美化されるのは日本だけです。日本以外だと、子どもに対する殺人でしかありません。

なぜこんなセリフが出てくるのか。

すべての責任を家庭に押しつけてきたからです。「法は家庭に入らず」と、家族のことは家族内にとどめる。こんな発想は今の時代に通用しません。

地域や社会のみんなで担うべき「共助」や「公助」を「自助」と言い張って、家族に丸投げする。こんな残念な発想が、いまだに冷たい日本社会の根底にあるのです。

明らかに間違っています。

全国市長会で集まると「泉さん、やりすぎ」「市がそこまでやらんでも」と他の市長から口々に言われます。で、そのあとに続くのは「予算がない」「人が足りない」となないないづくしです。

「ない」なんてことは、ありません。

本当に必要であれば、なんとか工夫して、必要なことを「やるしかない」のです。予算全体からすれば、確保する額はたかが知れています。

全国初の養育費の立替えは、小さなパイロット事業として開始しました。最初の予算は90万円です。全国に広がりつつある「所得制限なし」での「18才までの医療費無料化」であれば、明石市の会計予算2000億のうち1%弱の16・3億円。最近実施したおむつの宅配や中学校給食の無料化を加えた5つの無料化全体でも34億円ほど。

市会計の2％弱です。その程度を確保すれば、子どもにもまちのみんなにも効果の高い施策が実施できるのです。

家庭に置き換えると、年収600万円なら2％は12万円、月1万円を確保する話です。子どもの習いごとに月謝1万円なら、どこの家庭でも家計をやりくりしてなんとか捻出したいと思うでしょう。

自分の子どもの願いです。他のことより優先して叶えることでしょう。

自治体でも、国でも、工夫すればできることです。もし予算を捻出できないと言うなら、何か別の理由を疑ったほうがいいかもしれません。

自分のまちの子どものためです。そんなに難しいことではありません。選挙で選ばれた市長には、予算の編成権もあるのです。

行政の本気が伝われば、市民はまちづくりを応援してくれる。そう信じています。市民と同じ思いでまちづくりを進めていけば、地域への愛着にもつながっていきます。今市民に必要な支援は躊躇せず、すぐに、できることから始めるべきです。そのことが住み続けたいと思えるやさしいまちにつながっていくとの思いです。

昔は「子どもが泣いているのに、気づかない」子どもを意識しようとしない時代でした。少し前には「泣いている子どもに気づいているのに、気づかないふりをする」子どもを気にしない時代がありました。

そして今ようやく「泣いている子どもを、なんとかしよう」との空気を感じられる時代になりつつあります。それでも対症療法をするだけでは、まだまだ十分ではありません。

「泣いている子どもが、泣き止む」ことはもちろん、そもそも「子どもが泣かなくていい」社会に変えていくべきです。

「驚くべき行政手腕」とのことですが、
「既得権益にメスを入れて、得られた財源で
子ども施策を遂行」する程度のことは
〝権限的〟には何も難しいことではありません。
〝政治的〟には、既得権益側の怒りを買い、
不祥事をでっち上げられたりもしますが、
それも市民（有権者）の応援があれば大丈夫です。

3章

「お金」と「組織」の改革

――明石でできたことは、全国でもできる

予算を2倍、人員を3倍に。「金がない」「人が足りない」はウソ

「とはいえ予算が……」「人手が足りない」「結局、何かを犠牲にしないと、できるわけがない」。そのどれもが凝り固まった「思い込み」です。まずこの思い込みを捨て、発想を切り替える。お金も人も、足りないなんて口にしている暇などありません。

本当はすでにあるのに、使い方が間違っているだけなのです。

市長就任前、2010年の明石市の子ども予算は126億円。就任後に「こどもを核としたまちづくり」を開始し、必要な予算を優先して確保してきた結果、2021年には258億円。2倍以上に増やしました。毎年10億円以上を積み増してきたことになります。

でも、国とは違い、貨幣は刷れない。保険制度もつくれない。明石市だけが増税したわけでも、債券を乱発して借金を重ねたわけでもありません。

特別なことは何もしていません。それでもできました。できることなのです。

どこの家庭でもしている、単なるやりくりを自治体がしただけです。

「気持ち」だけで、施策は実施できません。「予算」もないと続けられない。でもそれだけでは足りません。しっかりやり続ける「人」も必要です。

明石市の子ども施策にかかわる市の職員は、2010年に39人でした。それを2021年には135名、3倍以上に増やしました。

増やしたのは一般の行政職員だけではありません。弁護士や医師、福祉職や心理職など、専門職を全国公募で採用しています。「数」を増やすだけでなく「質」も高めていきました。

つまり、市長に就任してから10年ほどで、明石市は子ども関連の予算を2倍以上に、人員は3倍以上にできたのです。

「そんな大盤振る舞いができるなんて、金持ちの市だからに違いない」。

よく誤解されますが、決して金持ちではありません。中核市の中では、どちらかというと貧乏なほうです。

コロナ禍前の2019年、同規模で同じ権限を持つ中核市と、一般会計の歳入を比べると、青森市（約27・9万人）は約1285億円、秋田市（約30・6万人）は約1376億円、福岡県久留米市（約30・5万人）は約1301億円。

一方、明石市（約30・4万人）は1068億円です。他の中核市と比べて200～300億円ほど市の収入が少ない状況です。さらに言えば、10年前の2010年の一般会計歳入は948億円。今よりもっと少なかったのです。

私も最初は「金がない」「人が足りない」という話を真に受け、勘違いしていました。当初は「本当にない」と信じて動き回りましたが、なかなかうまくいきませんでした。でも、ようやく本当のことに気がついたのです。

端的に言うと、お金はある。人もいる。お金も人も「別のところに置かれているだけ」だったのです。

「誰かに我慢を強いる」その発想が間違っていた

子どもの予算を確保するには、高齢者の予算を回すしかない。

当初は私もそう思い込んでいました。「行政にはお金がない」とさんざん聞かされ、「高齢者への負担で子ども施策ができない」と思い込まされていたのです。けれども実際の現場で市民と向き合うと、その考えは「違う」と気づかされました。

就任してまず、「誰でも市長にもの言える会」を市内各地で開き、回を重ねていきました。市内28ヶ所の小学校区など地域ごとに、あるいは子ども、福祉、安全などテーマごとに市長懇談会を実施。就任1期目の4年間で延べ63回に渡り、多くの市民から直接さまざまな声を聞いてきました。

2年目には、財政健全化をテーマに「市長と語ろう～どう使いますか？　みんなの予算～」と題して、半年以上かけて意見交換を行いました。

市内の中学校区にあるコミセン高齢者大学、13ヶ所をすべて回り、高齢者大学校あかねが丘学園や明石シニアカレッジでも開催。集まったのは、ほとんどが高齢者です。資料を事前配布し、事前アンケートも実施しました。

寄せられたのは約600件、2500以上の意見。その結果を踏まえ、拡充・推進すべき事業、縮小・廃止すべき事業、財政健全化に向けた事業見直しの考え方や基準、市のお金の使い方などについて直接説明し、会場でさらに意見を聞いて回ったのです。

子どもへ予算を回す。直接説明して、その理解を得よう。私は「市にはお金がないんです。もうこれからは贅沢を言わないでください」「子どもを支援することが、みなさんのためにもなるんです」と丁寧にお願いし、重ねて呼びかけました。

「おじいちゃん、おばあちゃん、フルコースディナーの後にフルーツとデザート、両方食べていませんか。どちらか片方にして、その分、お腹をすかしたお孫さんに、おにぎりを食べさせてあげませんか」。

でも、どこでも厳しい声ばかり。どの会場でも理解は得られません。

実感させられたのは、そもそも高齢者も大変しんどいという現実です。

「医療費はどんどん上がる」「介護保険料も払わなあかん」「年金だけではギリギリや」「働かんと暮らしていかれへん」。

悠々自適の暮らしをされている方など、ほんのひと握り。財布にも心にも余裕がなく、先の見通せない日々です。

高齢者も子どもも弱い立場に置かれている。ある支援を削って別の支援に回しても、結局どちらかが救われず、軋轢しか生みません。

かといって、新たな負担を市民にお願いする選択肢はない。そうなれば、今ある予算全体を根本から見直すしかありません。

行政の予算は、縦割りにされ、固定化しています。その枠内だけで無理矢理やりくりせず、市にお金がないという発想から脱却し、予算が張りついている事業そのもののあり方から見つめ直す。既得権にとらわれず、抜本的な予算のシフトを断行し、他の分野から新たな予算を得るべきではと、気づかされたのです。

高齢者から削らずにお金をつくり、新たな子ども施策を実施していきました。子どもへの支援は子育て層だけでなく、まち全体へとプラスの効果が及びます。地域経済が回り出し、税収増にもつながる。結果、高齢者施策の充実にもつながります。

明石では認知症についての施策はもちろん、元気な高齢者への活動支援も拡充しました。各地で見直しが相次ぐバス優待乗車も、高齢化時代を見据えて、新たにコミュニティバスの無料化を開始しました。

いまだに高齢者から子どもへ回すという発想が全国的に見受けられますが、そんな勘違いを続けていたら何もできません。子どもも、高齢者も、誰も救われないままになってしまいます。状況を変えるには、ここでも発想の転換が必要です。

トップが腹をくくればいい

右肩上がりの時代は終わりました。

物価は上がるのに、収入は増えない。使えるお金が減っているのを実感します。社会全体が低調に推移する中、行政も「あれか、これか」を選択しないと、お金も人も施策も回らない。以前と同じことはできない時代です。そんな中でも、冷たい社会が何もしてこなかった子ども施策については、新たに「あれも、これも」することを求められています。

限られた予算枠で、子ども施策も実施する。そのために、単に経費削減を進めるだけでなく、お金の使い方、発想そのものを見直していきました。

固定経費の見直しでは、選挙ですでに、自ら身を切る公約を掲げていました。

就任後、市長の基本給を3割カット。

翌年からは、市職員の各種手当ての適正化を進めていきました。職員の地域手当は、物価の高い地域で基本給に上乗せして支給されます。当時、明石市では隣接する神戸市に寄せて、国基準を上回る10%を支給していたのです。これを基準どおり、6%に合わせました。

当然、すべての事務事業も見直し対象にしました。

しかしながら、前年と同じことを漫然と続けるのがお役所仕事というものです。前年踏襲の悪弊があらゆる場面で表れます。

各部局の予算に上限を設けても、所管組織で自ら優先順位をつけるように仕向けても、結局最後は「ほぼ従来並み」。継続を優先する慣習にとらわれて、大きな見直しにつながることはありませんでした。

職員からの積み上げだけでは限界がありました。これまで続けてきた「どちらかといえば、やったほうがいい仕事」をかたくなに守りがちで、今ニーズが高い「やるべき仕事」であっても、新規事業というだけで枠外にされてしまうのです。目の前の市民より既存の枠組みを堅持してしまう。凝り固まったお役所文化を変えること、職員の発想を変えることは、簡単ではありません。

一般の市民感覚とは大きなズレがある。ましてや私は外から来た「異分子」。発想も文化も、あまりにも違います。

おまけに1期4年の期限つき、選挙で外から来た身内ではない人です。市民に選ばれた市長であっても、最初からすんなり言うことが通る柔軟な組織ではなく、抵抗されている気配を毎日半端なく感じさせられました。

毎日庁舎に入るのがしんどい状況でした。市長室へ続く庁舎内の階段を上がる足取りも重く、いつも周りを敵に囲まれているような日々が延々と続きました。

それでも自治体のトップには、政策の方針決定権も、予算編成権もあります。トップが決めれば、大きな見直しも可能になる。私が決めれば、変えられる。あきらめなければ、できること。市民のためにやり切るだけです。


当時、明石市の規模からするとかなり大きな下水道ネットワーク計画がありました。市の下水道普及率はすでに99・8％に達していましたが、100年に一度のゲリラ豪雨による床上浸水に備え、改めて市内全域の下水道管を太い管に交換する案です。20年で600億円を費やします。

担当者と協議して被害見込みを尋ねると、市内で10軒。10軒だからといって対策を怠ることはあってはなりません。でも他の方法で、もっと効率良く対策できるのでは。そう思わずにはいられませんでした。10軒のために20年で600億という発想とコストも問題です。

役所は縦割り組織のため、狭い所管枠内で限定した発想になりがちですが、目的が浸水被害対策なら別の方法もあります。エリアを限定することもできるし、ハード整備だけでなくソフト面での対策を組み合わせて市内全域の体制を強化することもできる。組織全体でみれば、より有効でコストのかからない総合対策を選択することができるのです。

結局、整備計画を見直し、ハード整備中心の対策からソフト面も組み合わせた総合対策へと変更しました。結果、計画は総額150億円規模になり、450億円を削減することができたのです。

市民にも、市の財政面にも大変喜ばしいことです。

災害対策もできた。使う金も減らせた。

ところが、600億円もらえるはずだった仕事が突然150億円に減ったので、関係業界からとてつもない反発の声が上がりました。職員にまで「ここまで削ることはない」と指摘されました。

「市長、これは『タダ』なんですから」と。

「どういうこと?」と思い、調べました。

どうやら道路や水道などインフラ整備にかかるお金は、あとで国や県からお金が降りてくるので「市の負担は実質ない」との考えでした。
びっくりです。私たちは、国や県にも税金を払っています。どう考えてもタダなわけがありません。それなのに、平気でそんな意識で、私たちの税金を使っていたのです。

日本はいまだに、公共事業に多くのお金をつぎ込んでいます。OECD諸国で比較すると、2017年、日本はGDPの7・3%。同じ島国のイギリスや日本より少し国土が広いフランスよりも多く、さらに広大なアメリカより6割以上も多いのです。

一方で同年の「子ども」などへの家族支出は、スウェーデン3・4%、イギリス3・2%、フランス2・88%に比べ、日本はわずか1・56%です。

私が大学生のころ論文に書いたときでも、子ども予算は先進国の半分、公共事業は倍でしたから、今も傾向はあまり変わっていません。公共事業費は上位に入るのに、子どもへの支出は低いままです。日本は災害の多い国なので、国土が狭くてもインフラにある程度投資するのは理解できます。それでも少し多すぎではないでしょうか。諸外国に比べ、いまだに子どもに冷たすぎる日本。状況はさらに悪化しています。

明石市では、過剰な公共事業費を適正化し、子ども予算を倍増しました。事業を見直した結果、諸外国並みの予算配分に変えたことで、グローバルスタンダードな施策を次々に展開できるまでになってきました。

権限を持っている各自治体のトップが、それぞれ腹をくくりさえすれば、変えることができます。本当は、どこのまちだってできることなのです。決して難しいことではありません。

もちろん国でも。変えることなんて、決断さえすればやれることです。

「決めたら終わり」の権限を使うか、使わないか

自治体のトップには、大きな権限があります。

とりわけ「政策の方針決定権」「予算編成権」「人事権」の3つは特に重要で、まちづくりを大きく左右する強力な権限です。

これらを適正に使えているか。それは、「自治体のトップとして働いていると言える

のか」とほぼ同じくらい、大きな意味を持っています。

たとえば予算を配分し、事業に予算を「つける」か「つけない」かは、トップの判断だけで決めることが可能です。議会は予算を「つける」ことができません。選挙で別々に選ばれ、役割が違うのです。

実際の予算の「執行」には、議会の承認が必要です。否決されることもあります。ですが、市長が事業に予算をつけなければ、それで削減が決まります。元には戻せないのです。

ですから、抵抗にも遭い、恨まれもします。市長になって初の予算案は、議会で通りませんでした。否決されたあと、全会一致で「市長に議会軽視の反省を求める決議」を出され、こちらは議決されたのです。

それでも、議会対策より大切なのは、市民との約束です。公約だけは果たしたい。これらの権限を私は市民のために行使していきました。

下水道の600億円を150億円にすることも、市長が決めた瞬間に450億円削減で終わりです。それを復活することはできません。

それを関係者は、とにかく許せないのです。これまで何十年と金をもらっていたところから突然もらえなくなる。その怒りは半端ではありません。

選挙のあり方は、当選後の政治のあり方を左右する

「なんちゅう市長や」「あいつのせいで金儲けできなくなった」。

もっと強いマイナス感情を持つ方だって、当然今も一定数います。自宅に汚物が投げ込まれたり、家族が怖い目に遭ったりすることもありました。トップの権限は、地域の公共事業にも直結します。きれいごとでは済みません。それが現実です。

なので「そこまで腹はくくれない」と、尻込みする政治家がほとんどです。

そんな中で、なぜ私は予算配分を変えたのか。変えることができたのか。子どものころからの「冷たい社会を変える決意」だけではありません。

選挙のあり方。それが当選後の政治を大きく左右します。

私はどの政党にも依拠せず、どの団体からも推薦を受けず、市民一人ひとりを支持母体として選ばれ続けています。だからしがらみなく、業界の声になびくことなく、臆することなく動ける。市民への責任を果たすことができるのです。

お役所文化にも追従することはありません。見るべきは市民です。だから既存の概

念を変える決断でも、市民のために迷いなくできるのです。

こうして明石市では、予算編成のしくみ自体を変えていきました。

従来どおりの各部門が要求を積み上げる方式では、市長は最後にハンコを押すだけの仕事しかできません。そんなやり方で漫然と続けていては、まちの状況が悪化していくだけです。

「5つの無料化」のうち保育料も、予算確保のため、かなり早い時期から財政担当にも方針を伝えていました。必要額を試算すると、第2子から無料化だと約10億円。第1子も含めれば約20億円必要。当然やりくりする準備が必要です。

私は財政の担当者に「保育料に10億使う」と告げ、続けて言いました。

「税収が10億減ったと思ってくれ」。

予算は毎年変動するのが基本、とりわけ波があるのが税収です。さらに災害が起これば急な支出もかさみます。そうなれば、どこかを削減してでもなんとか必要な費用を捻出する。これまでもやってきた「あたりまえのやりくり」です。

最初に「動かせない要件」が決まっていれば、それに沿ってやりくりするだけ。普通にできるはずのことです。

1年余りの猶予を経て、開始前年の予算編成で「まず翌年、第2子以降を無料化する」と正式に決めました。まず優先枠を確保する。それ以外で通常の予算編成をする。前年ベースで予算を積み上げるのではなく、やるべき施策を決め、先に予算を確保。市長が方針決定し、予算を決める。

この方式で順次、子ども施策を拡大していきました。

先に自腹でやれば、あとで国から返ってくる

2016年から市独自で保育料を無料化するとき、「継続して財源が確保できるのか」と懸念する声もありました。

子育ての負担軽減を求める声は、もはや無視できない大きさです。マスコミでも大きく取り上げられる時代になり、全国の自治体も、世論の高まりに気づいて動き出していました。2017年には全国市長会で「子ども・子育てフォーラム」を開催。厚生労働大臣も出席し、私もパネリストとして呼びかけ、国への緊急アピールを採択し

ました。

少子化もいっそう進んでおり、子育て施策の必要性は顕在化しています。本来、子育ての経済的負担の軽減など、みんなに必要なベーシックサービスは、国がなすべきことです。

「心配しなくても、数年後には国がやり始める」。

読みどおり、国が後から追いついてきました。明石から3年遅れの2019年秋、ようやく国による幼児教育・保育の無償化が始まったのです。

それでも国は子どもにお金を出すことを渋りました。

明石市とは違い「所得制限あり」。実は所得制限「あり」と「なし」では、対象者の数も大きく違い、必要な予算額が大きく違ってくるのです。0才から2才は、住民税非課税の世帯のみが対象となりました。

ただ限定的とはいえ、これまで市が自腹で捻出してきた子ども施策の費用が、国からの財源で賄えることになったのです。

まだまだ子どもに冷たい社会です。こうして浮いたお金も、当然子どものために使います。「あれも、これも」できることはみんなやっていく。国に先んじて施策を実施していたからこそ、子どものために使えるお金が増えたのです。

まだまだ着手できていない施策は数多くあります。遅まきながらではありますが、国が着手するのを首を長くして待つのではなく、今目の前にいる子どもたちのために、着実に施策を展開していかなければなりません。

国の無償化が始まった翌年、浮いたお金で新たに中学校給食の無償化を開始しました。さらに、すでに中学生までが対象だった医療費の無料化は、２０２１年から高校生にまで広げました。当然所得制限なしです。予算をケチり、子どもを分断するようなセコいことはしません。

今本当にまちに必要な施策なら、たとえ国も、どの自治体も実施していなくても、明石市は実施してきました。国がしていなくても、他の自治体に前例がなくとも、そこに市民ニーズがあれば他のまちを気にすることなく、実施する。

自治体のトップには権限があるのです。世界に目を向ければ、冷たい日本とは違い、もっと市民に温かい目をむけ、実際に支援している政治があるのです。１つの自治体単独でも、小さな地方からでも、当然やるべきことを自らすればいい。明石がしてきたのは、ごく普通のこと。ただただ市民のために、あたりまえのことを続けてきただけなのです。

無駄の削減はどうやったのか？

まちの特性に応じて住民の暮らしを支えているのが、全国各地の基礎自治体です。子ども・子育てだけでなく、消防救急、健康福祉、環境、産業、教育、文化、道路、公園、上下水道など、まちづくりを多方面にわたって担っています。

それを担う役所の職員は、良くも悪くも「固い」傾向にあります。縦割り組織の中でできるだけ無難に、言い換えれば着実に事を進めようとする。前例のないこと、国のマニュアルにないこと、となりのまちがしていないことには、かなりの及び腰です。

明石市もそうでした。就任したてのころ、新しい施策を指示しても「そんなこと、どこもやってませんよ」「国から指示も来ていませんし」と、言葉を濁されていました。続けて「人もなかなかいなくて」、挙句の果てには「新たに予算をとらないといけないので、他の施策との見合いで今後検討されては」などなど、拒否され、撤回を迫られていることは明白でした。

継続が大事と思い込み、あたかも既得権益のように枠組みを維持することに意識が行きがちな、お役所文化。「全国初」の3文字に尻込みする職員。外から来た私には、目の前で困っている市民よりも、国や近隣市の動向を気にしているようにしか思えませんでした。

役所がする仕事は一見すべてが「やるべき」ことばかりのように思えるかもしれません。でも実際内部に入ってから見ると、かなりの思い込みと無駄が、あらゆる分野にありました。

毎回同じような計画や報告書を作成する。そのたびに外部のコンサル業者にお金を払う。そうして出来上がってくるのは、全国どこのまちにもある同じような言葉のコピーです。1字1句録音を確認して作成する議事録や、定期的に集まるだけで何の改善にもつながらない審議会や検討委員会も数多くありました。

本当に必要なのは、文書や検討を積み重ねることではない。目の前で困っている市民を今すぐ支援するべきです。仕事をやってるフリでお金も時間も使うなんて、間違っています。

どちらかと言えばやったほうがいいというだけの仕事。やらないよりはベターな選択でしかない、「なくてもなんとかなる」こと。法定の義務ではなくても、慣例で続けていれば疑うことなく踏襲していく習性がありました。
他に優先すべきことは山積みです。すぐに変えていくべきです。

そうはいっても、長年の組織文化はすぐには変わりません。就任以来、ずっと職員には言い続けています。事業の見直しも各部署に指示してきました。一定の見直しはできてきたものの、私からすると、かなりゆっくり過ぎるペースです。

あいかわらずもどかしい思いがしていた私は、無駄な仕事を減らす一方で、職場から人を減らすことにしました。

ある部署から1人減らすと、仕事を減らさないと回らなくなる。1人分の仕事が減ります。2人減らすと2人分。減ったのは人だけでなく「減らせる仕事」です。

逆に言うと「しなければいけない仕事だけすればいい」ように変えていきました。必要な仕事に見合った適正な人員配置に改善しているだけですから、その分、子ども部門の人員を増やすことにつながります。

合わせて職員の残業代にもメスを入れました。

働き方改革が広がる前で、時間外勤務への制約はゆるかったのです。

「みなさんご家族のある方も多いでしょうから、てきぱき働いて、晩ごはんをいっしょに食べたほうがええんとちゃいますか?」

呼びかけるだけでなく、残業状況を管理職の評価項目に入れ、削減の促進を図りました。時間外勤務は、管理職の許可で実施するしくみになっていたのです。結果、徐々に削減が積み重なり、2020年には就任前の3割以上の減少となりました。

仕事量と時間の適正化だけでなく、職員の数も減らしていきました。

リストラをしたわけではありません。毎年漫然と退職者数を補充するような新規採用をやめました。必要な職種で、必要な数だけを採用することにしたのです。正規職員だけでも、就任後5年で100人ほど減っています。

ただ、私は本来むやみに職員を減らすのでなく、給与も適正に払うべきだという考えです。

2018年の中核市移行後は、新たに権限も業務も増えたことから、今は職員を増やす方向に切り替えています。

それでも明石市の職員数は人口比で見ると、県下29市で一番少ない状況となりました。もっとも、一定のスリム化を図り、財政の黒字化も安定したことで、たとえば消防署では安全確保のための人員配置を増やすこともできるようにもなりました。

そもそも諸外国に比べ、日本の公務員数は少ないほうです。ただ、市民から預かった税金に見合う行政サービスを提供できていないのは問題ですから、それができる適切な体制へとつくり変えてきました。

人事をどう変えたのか？

忘れもしません。

就任当初に人事担当の職員から言われました。「市長には、人事権は実質的にはありません」という一言です。本来、人事権は市長にしかありません。でも役所は長年、年功序列で回していたのです。

課長や部長のポストは、すでに順番が決まっていました。部長職に至っては「はなむけ」に、代々定年前の59才が務めあげる部署もありました。

人事案が各部署から出され、人事課がそれを承認、最後に市長が追認する。

つまり、市長の仕事は予算といっしょで、もう十何人ものハンコが押してある書類に、最後のハンコを押すだけだったのです。

これでは市長の責務を果たせているとは言えません。せいぜい、できあがった弁当の最後にふりかけを振るくらいのことです。

「どこもそうです」「そんなものです」。そんなことで誤魔化されるわけにはいきません。でも、他のまちの市長に聞くと本当にそうだったのです。選挙で市民に選ばれた市長でなく、本来権限のない職員が自分たちで都合よく人事を決めている。市長にあるはずの人事権は、どこも使えていなかったのです。

それでも、予算と同じく、私が腹をくくればいいだけのこと。明石市では年功序列を完全にやめていきました。

強烈な反発があったことは言うまでもありません。

特に、年功序列で、そのままおとなしくしていれば部長になれたはずの職員には恨まれていると思います。それでも、まず見るべきは市民です。従来の慣習に流されて、市民の生活が楽になるわけではありません。

何かしようとしても反発される日々が続きます。役所にとって、外から来た私は異物でしかなかったのです。「おまえはここにいるべきではない」「出ていけ」と、吐き出されるような感覚を覚える日々でした。無理もありません。私は単身で、敵陣へ深く乗り込んだ状況だったのです。

そこには役所の論理、不文律がありました。

人事を差配するのは、私ではなく副市長以下の幹部です。4年経ったら選挙でいなくなるかもしれない市長でなく、従うべきは長年続いてきた組織の掟。誰も言うことなど聞いてくれません。民間人が知ることなく引き継がれてきたお役所文化も、組織風土もわからず、毎日のように地雷を踏み続けていました。

それでも私は、選ばれて市民のために市長になったのです。「市役所の代表ではなく、市民の代表」との強い思いで、いわゆる既得権益や利権なるものに、遠慮なくメスを入れていきました。その結果、そこに群がる人たちからものすごいマイナスエネルギーを浴びせられるような感覚でいました。多くのデマやワナも仕掛けられました。

とりわけ最初の数年間は、本当はできなくはないことでも、「できません」という表現でしか返ってこない状況が続きました。国や県などとのトラブルを恐れ、リスクを避けたいとの思いだったのでしょう。職員本人の思いとは別に「しがらみ」をうまく調整するため、そうとしか言えず、やむをえず板挟みにあった結果だろうと察するようにして、理不尽に立ち向かい続けました。

厳しい状況が続いても、めげることなく少しでも味方を増やそうと、いろんな職員と対話を重ねていきました。すると、わずかながらでも理念を共有してくれる者が見つかっていきます。私も市職員の抱くリスク感覚をつかんでいき、あらかじめ国の了解を得るなど自ら積極的に動きました。こうして話の通ずる心ある職員を核に、市民目線のまちづくりをするための組織づくりを進めていきました。

「適時」「適材」「適所」の組織をつくる

年功序列をやめた結果、50才前後の部長が活躍できるようになってきました。課長には少しずつ30代を登用。それでもまだまだ一般企業と比べたら古いですが、市民のために動ける部署が徐々に増えてきました。

「周りより若くして偉くなっても、苦労するし、難しいだろう」という声もあります。

もちろん、役職だけつけて、ただ「がんばれ」と言うだけでは無責任です。思いや根性だけでは、仕事は回りません。必要な人と金をつけるのもトップの仕事です。

子どもを担当する初の部長に抜擢した職員には、直接こんな話をしました。

「明石市はすべての子どもに会う。1人も欠けることなく、子どもの顔を100％見る。そのために、追加で保健師を採用する。必要な人数は？」

頭数がそろえば誰でもよいわけではありません。業務に適した人を配置するのです。そのための専門職の採用も続けてきました。

実際に市の保健師を増員して、100％子どもに会う施策を今も続けています。


人事異動のしくみも、年に1度の単なる配置換えとは違うスタイルに変えました。忙しければ、その部署に人を移す。山を越したら戻し、また別の山に人を動かす。限られた市民の税金で賄う人材です。翌年の異動時期まで寝かせておくなど、あり得ません。年度途中でも、予算も人も動かせばいいのです。

サッカーでも野球でも、途中の選手交代はあたりまえです。状況が変わるのに1年間同じメンバーで続ける旧時代の役所スタイルのままでは、効果的に対応できるはずもありません。既存の業務に固執せず、臨機応変な人事運用をすることは、何も特別ではなく行政の責務です。

人事だけでなく、組織体制の改編も、市長になってすぐに進めていきました。

まず2012年、幼稚園の所管を教育委員会から市長部局に移しました。

当時、幼稚園は文部科学省の所管なので市の教育委員会が、保育所は厚生労働省の所管なので市長部局が担当していました。同じ「子ども」のカテゴリーではなく、教育と保育で分かれ、市もそれに従い、所管を分けていたのです。それを明石市では、新たに創設する子どもに特化した部署、「こども未来部」に一元化しました。

待機児童問題が顕在化する中、受け入れ枠の拡大が急務でしたが、組織の再編で、公立幼稚園の空き教室に民間保育所の分園を設置できるようになりました。

これまでは現場からすると「明らかにそうすればいいだけ」の対応も、所管が違うという縦割りの弊害で実現できなかったのです。連携だけでは不十分なテーマも多数あります。

国もようやく「こども家庭庁」の設置には至りましたが、多くの省庁に所管がまたがる縦割り行政は残されたままです。すべての子どものために、さらなる取り組みが期待されます。

幼稚園だけでなく、社会教育施設である図書館の権限も、市の教育委員会から市長部局に移行。駅前に移転する市立図書館を含め、総合的な文化施策として「本のまち」

を推進することにつなげていきました。

弁護士職員の採用

就任以降、専門職を積極的に採用してきました。

2012年には、5名の弁護士を採用。2021年には常勤の弁護士が13名になりました。全国公募で採用した12名の職員と私です。「司法を学んだ者は、もっと市民のために働くべきだ」と弁護士時代から思っていたことを実行に移し、各部門に職員として配置したのです。これほど多くの弁護士職員が活躍する自治体は、他にありません。

弁護士にできるのは「すでに起こった後」に、裁判所で「後始末」をつけるだけ。そこに限界を感じた私は、政治の道に進みました。そもそも行政の内部に弁護士がいれば、「事前」にも、裁判後にも、支援の選択肢は広がります。

加えて、弁護士の存在が行政にもたらす効果は幅広く、多方面にわたるのです。

・市民の相談支援の充実
・法的対応を含めた適切な処置
・条例や施策の立案、執行
・市役所内のコンプライアンスの見直し
・職員のリーガルマインドの促進

1つ目は、市民の相談支援の充実です。

相談は年々、多様で複雑な内容になってきています。「パートナーのDVで離婚したいけど、怖くて言えない」「交通事故の相手が無保険で、賠償金がもらえないかも」「ネット詐欺にあってしまった」。解決に向けた対応には法知識が欠かせません。一般の行政職員だけでは聞き取り以上のことはかなり困難です。

明石市の市民相談室には2名の弁護士職員が常勤しています。もちろん相談は無料です。

さらに本当に困っている方は、市役所や弁護士事務所まで出向くことも難しいかもしれません。明石市では、弁護士資格のある職員を含めたチームをつくり、自宅や入院中の病院などを訪問しています。訪問先で法律の問題を含めた相談支援を行い、場合に応じて生活保護などの窓口につなぐこともあります。

2つ目は、法的対応を含めた適切な処置です。ないに越したことはありませんが、税金や保険料の回収も市の仕事です。ただ、法的手続きが絡む対応の場合、一般の職員だけでは手を打てずに、解決を先延ばしにしてしまっているケースが目立っていました。

市営住宅の家賃支払いが滞っている市民に「催促したら気の毒だ」と職員が勝手に忖度し、何年も放置していたケースがありました。「滞納金が30万円を超えるまでは声をかけない」という、何の法的根拠もないルールがあったほどです。何ヶ月も支払いが溜まってからようやく「もしもし、あなた滞納してますよ」と、職員が2人がかりで訪問して、結局「支払ってもらえませんでした」と報告する。そんな仕事、忖度にさえなっていません。

そんな大金になってしまったら、とても払えません。裁判になって、強制執行になって追い出されたらどうなるでしょうか。市営住宅より安いところなんてありません。本来ならもっと早いタイミングで、家庭訪問を行うことが望ましいのです。

支払う気がないなら、粛々と訴訟も含めた法的手続きを進める。支払う能力がないなら、自立支援や生活保護など適切な部門につないで、支援サービスを提供する。ここにも弁護士資格のある職員だからこそできる対応があり、その様子から一般職員も学んでいきます。

3つ目は、条例や施策の立案、執行です。

多様化する市民ニーズに応える新たな取り組みには、行政だけでなく、司法の知識も必要です。たとえば、全国初で「更生支援及び再犯防止等に関する条例」を制定できたのは、行政の内部に弁護士が常駐していて、その知見や能力を発揮したからです。

逆もあります。

本当は、より現場に近い一般職員のほうが余程ダイレクトに「ああ、これは気の毒だなあ」とか「今の法律は合ってないな」とわかっていることもあります。それなのに「自分の立場ではどうにもできない」と悔しい思いをしていることもあるのです。その思いは、弁護士資格のある職員とチームを組むことでカタチになり、まちを変えていくことができます。

2014年には環境部からの声で、生態系を守る条例を制定しました。

市内の川やため池に外来種のアカミミガメが大量繁殖し、日本固有の在来種であるイシガメやクサガメが絶滅寸前になっていたのです。農業を営まれている市民からは「ハスが食べられて困っている」という声も届き、多様性の保全に向けて、力を合わせて条例化して対策をしました。

市民が捕まえたカメを入れる「カメポスト」。電話1本すれば、市の職員がご自宅にカメを引き取りに行く「カメダイヤル」。駆除していくと、たった1年で池にハスの葉が戻ってきました。環境省も明石市を参考にして、２０１５年から「アカミミガメ対策推進プロジェクト」を実施。ここでも地方から国に広がりました。

４つ目は、市役所内のコンプライアンスの見直しです。

「組織の襟を正す」という意味でも、弁護士の存在は大きいのです。

わたしが市長になる直前の２０１０年、職員による手当の不正受給が内部通報によって発覚しました。調査の結果、29名が不正行為に関与しており、管理職を含む33名の処分に発展していたのです。

弁護士資格のある職員を中心にコンプライアンス制度を整備し、不祥事になりかねない事案にいち早く気づき、不正を防ぎ、不正を起こさない体制にしていきました。

最後の5つ目は、職員のリーガルマインドの促進です。

「外部の弁護士が非常勤で来る」のではなく「常勤職員としている」ことが、組織全体に良い影響を与えています。

以前は、弁護士という存在は近寄りがたく、関わらないほうがいいと思われていたようです。争議が深刻になってからようやく検討し始めて、顧問弁護士のもとへ出向く。法律相談も多い年で50件程度でした。

それが今や、顧問弁護士時代の20倍以上、年間1300件を超える相談に弁護士職員が対応しています。トラブルが増えたわけではなく、トラブルを未然に防ぐための相談が増えたのです。

弁護士が身近で気軽に相談できる存在になると、弁護士の姿勢そのものが職員に伝わっていきます。

「やり抜く力」です。

弁護士には法律の専門知識以外にも、どんなに難しい案件でも依頼者のためなら、半歩でも1歩でも解決に向けて尽力する姿勢が備わっています。全面的に負けそうな事案でも、少しでも得るものがあるよう、現実的な着地点を模索する。こうした実務能力は、市民1人ひとりの困りごとを解決する行政にとって「ドンピシャ」の能力です。

弁護士の見解、そこに至る検討・調査の過程、法的な観点からまとめられた書面に見たり触れたりすることで、やり抜く力と法の知識、つまり「リーガルマインド」が一般職員の中に養われていくことも、常勤で弁護士が内部にいることの大きな効果だと感じています。

「水上バイク条例」をなぜいち早く制定できたのか？

弁護士職員の力が発揮された1つの例が、「水上バイク条例」の制定です。

2021年7月末、明石の海岸近くで、遊泳する人のすぐ横を疾走する水上バイクの映像が大きなニュースになり、世間を騒がせました。

私も「危ない」と驚きました。事故が起こってからでは遅い。歩道橋事故、砂浜陥没事故の2つの事故を受け、安全に対する責任を負い続けている明石市として、できることは躊躇なく、毅然と行う立場を貫いてきました。大丈夫だろうという甘い認識では、人の死を防げない。市民の安全を守りたいとの思いで、すぐに対応をとることにしました。

8月初旬には、関係機関合同での海岸パトロールを行い、海岸域を撮影する監視カメラも新たに設置。今回の危険行為については、国の法律の殺人未遂罪と県の条例違反の2つで刑事告発をしました。

国の法律では殺人未遂罪は最低でも「懲役5年」から。一方、県の水難事故防止条例では最高で「罰金20万円」まで。両者の罰則の間には極端な隔たりがありました。そもそも水上バイクに関する法も未整備で、スピード違反などもなくルール化が遅れている状況だったのです。

国には「安全安心な海岸域利用の創出」を求める要望書を出し、県には「抑止力の強化に向けた条例改正」を求める要望書を出しました。

さらに官民で協力して海岸域の安全利用の推進に取り組めるよう、9月には明石市が主催して官民連絡会議を開催。今でも国土交通省、海上保安部、兵庫県や警察に加え、水上バイクメーカー、海水浴場、民間事業者、関係団体、さらには漁業者や地域代表まで参加していただき、みんなで「海の安全と楽しみ」を守るため取り組んでいます。

しかしながら、市民の命を本気で守るには、水上バイクの乗り入れ禁止区域の設定や、危険行為への実効性ある罰則など、しっかりしたルールが必要です。国や県の動くのをゆっくり待つことなどできません。市民のために、明石から始める。いつものスタンスで、市独自で、危険行為への罰則を盛り込んだ新たな条例を制定することにしました。

罰則を設けるには検察庁との協議が必要です。法制度の知識も必要な仕事です。検察との調整も含め、当初からこの件に関わっていた弁護士職員に主担当を任せました。全国初の新しいテーマです。何度も検察に足を運び協議を重ねるなど、調整に時間を要しました。それでもなんとか次の海のシーズン到来に間に合いました。危険行為への罰則を「6ヶ月以下の懲役」と「50万円以下の罰金」とすることで検察のお墨付きをいただき、水上バイクなどの安全な利用に関する条例を制定することができたのです。

とはいえ、いまだ水上バイクには「速度制限」の規制もなく、「危険行為」や「酒酔い運転」も禁止はされていますが、罰則はありません。「無免許」でも罰金30万円のみです。一方で、自動車の場合はこれら4つの行為のすべてに懲役・罰金が設けられています。一刻も早く海の無法状態が改善されるよう、引き続き県や国に働きかけ、県条例や国の法改正を望む立場です。

「司法」と「福祉」をつなぐのが役所

採用に力を入れた職種は、弁護士職員だけではありません。司法だけでなく、福祉の専門性も不足していたのです。とりわけ住民に身近な市区町村には、福祉の知識とソーシャルワーカーとしてのスキルを持つ職員が欠かせません。

弁護士時代、ある少年事件を担当しました。依頼者の少年は鑑別所の中です。私は毎日、会いに通いました。でも少年は、心を開いてくれなかったのです。

今ならその理由がわかる気がします。法律は勉強しましたが、当時は人の心に寄り添うスキルを取得していなかったのです。

少年が更生に向かうには心のケアが必要です。法律は少年ががんばる動機にはなり得ません。本人のサポートだけではなく、家族への支援も必要です。

交通事故で言えば、弁護士ができるのは金の話だけです。裁判で賠償金を勝ちとり、片脚を失った青年にいくばくかの金を渡すことはできる。でも、弁護士の仕事はそこで終わりです。

けれども青年は、金をもらって終わりではありません。片脚を失ってからも人生は続くのです。

事故のあとも続く「その後の人生」に寄り添い、生きる環境を整えていくサポート役として、司法だけでなく福祉の役割が不可欠です。遅ればせながら私も市長になる前に、社会福祉士の資格を取りました。

弁護士と社会福祉士では発想が大きく異なります。

司法の世界では、人に関わるのは「介入」。法的根拠となる理由が必要。昔は「法は家庭に入らず」とも言われてきました。

福祉の世界は違います。人に関わるのは「支援」。困っているなら、根拠があろうがなかろうが助ける。「放置せず、関わるのはいいことだ」という価値判断です。

「どちらが正しいか」ではなく「どちらも必要」です。司法と福祉、この両者の連携が不十分なために、必要な支援が行き届かない場面が数多くあります。

そして、司法と福祉の橋渡しができる立場にあり、総合的な支援をコーディネートできる立場にあるのが自治体です。リーガルマインドとソーシャルワーカーのマインド、両方の専門性を兼ね備えた体制で臨んでこそ、ようやく本当の意味での寄り添う支援が可能になる。そう思えてなりません。

けれども日本社会は、福祉を担う人材をあまりに疎かにしています。社会において重要な役割を担っているのに、あまりにも扱いがひどいままです。

ヨーロッパでは、弁護士や医師に負けず劣らず、ソーシャルワーカーは社会的地位のある職業です。年収も日本の倍を超える国もあります。人に寄り添い、継続的に支援を続けることは、高度でやりがいのある仕事だと認められているのです。

日本で福祉にたずさわる人、たとえば社会福祉士をみても、その地位は弁護士や医師に比べて、明らかに低い。業務量は多いのに年収が低い。そんな環境では能力も十分に発揮できず、憧れの職業にもならない。そんな現状が、冷たい社会にさらなる歪みを生んでいます。

だからこそ明石市では、市の正規職員として、社会福祉士に本来の活躍をしてもらい、冷たい社会を変えていく大きな力にしていています。

どうやって人を集めたのか？

市民のために、弁護士と社会福祉士以外にも多くの分野で専門職を採用していきました。精神保健福祉士、臨床心理士、保健師、手話通訳士など、人に寄り添う専門性ある人材です。

実は市長になる前から、全国からエース級の人材を集めなければ理想とする「やさしいまち」はつくれないと考えていました。けれども、単に明石市だけでPRしても、他の地域で暮らす方には、なかなか情報は届きません。

そこで、募集している各職種の専門職団体に掛け合い、定期的に発行されている会報などの郵送時に、市の職員募集チラシを同封してもらいました。弁護士募集のときは日本弁護士連合会に、社会福祉士募集のときは日本社会福祉士会に、臨床心理士募集のときは日本臨床心理士会に。それぞれの会員、数万人宛てに「全国でビラまき」をしたのです。

泥臭いビラまきは選挙で慣れています。スマートな採用活動ではないかもしれませんが、戸別配布で一人ひとりの手元に着実に届きます。

専門職団体の協力で全国公募した結果、最初に弁護士職員を公募したときには、全国から22名の応募がありました。そして市長就任の翌年、関東、関西、九州から計5名の弁護士が明石市に職員として来ることになったのです。

全国からの応募者の中には、民間企業や他の自治体で働いていた人もいます。一旦仕事を辞めて、移り住んででも「明石市で働きたい」と思い、応募してくれる人も増えてきました。

明石市は専門性を有する人に、自分の専門分野だけを担当することなど、望んではいません。専門職としての仕事だけでなく、一般行政職員としての仕事も担い、幅広く活躍してもらうことを期待しています。

手話通訳士の公募時には、単に「手話通訳をしてください」ではなく「手話通訳を通して得た経験を障害者施策の立案をするために使ってください」と募集要項に書きました。

実際、採用後は手話通訳だけでなく、幅広く政策立案や現場での支援にたずさわっています。

明石市の専門職の活躍のポイントは、大きく3つあります。

他の職員と連携して、「市民に一番近いところで」専門性が発揮できること。「全国に先駆けた施策」を、専門性を活かして中心となって担えること。「幅広い分野」で、常勤職員として継続的に専門性を発揮できること。専門職としての能力と意欲を市民のために存分に活用できる場が、市区町村なのです。

こうした専門職の採用を続けていく中、まちの状況も好転するにつれ注目も高まり、一般職員の採用でも志望動機が変わってきました。

安定志向で明石市を受けようと考える人は、もうほとんどいないのではないかとも思います。以前なら、単に「公務員になりたい」けど「兵庫県にも神戸市にも受からなかったから、仕方なく明石市に応募した」みたいな方も見受けられましたが、「自治体は明石市しか受けていません」という方も増えています。

他の自治体から来た職員は、「明石市は全然ちがう」と言っていました。優秀で、心もある者です。どう違うのか聞くと、「前いたところは、これもダメあれもダメで、目の前の人を助けたくても助けられませんでした。でも明石市は市民のためなら本気でやっていい」と言います。

「職員が全国初のことを発想するなんて考えられない」「トップが『できるだけお金を

使わないように』と思っていれば、こちらも『新しい施策はしない』となります」と、驚く職員もいました。

トップが政策を明確に示し、責任を持って取り組んでいれば、その理念や姿勢に共感してくれる者が集まってきます。2021年には一般職員の応募者数が過去最高になりました。

「汎用性」と「専門性」を組み合わせ、チームで機能する

多くの自治体では専門職を登用する場合、外部の非常勤として契約し、「何か用事があれば声をかける」。あるいは月に数回は来てもらい、「何か用事があれば相談する」といった関係性です。

でも明石市は違います。専門職を「常勤」の正規職員で採用。一般職員とチームを組み、一般行政職の仕事もする。重要施策の推進や市民サービスの向上に欠かせない

職員として、専門職を採用しています。

弁護士も、社会福祉士も、手話通訳士も、みんな一般採用された他の職員と同様の仕事もしています。職場も同じ部屋で、机だってとなり同士です。「法務的な仕事はすべて弁護士資格のある職員に任せて、他の職員は関与しない」などの職務の切り分けはしていません。

一般職が持つ「対応の広さ」、横軸を専門職も取り入れる。専門職が持つ「対応の深さ」、縦軸を一般職も学ぶ。「汎用性」と「専門性」を組み合わせ、チームで機能する。できるだけ幅広く対応できる体制をつくることが、市民の多様なニーズに応えていくことになります。

専門資格を持つ新たな職員に辞令を交付するとき、いつもこう言います。

「みなさんには、2つのことだけお願いします。1つは、他の一般行政職とも馴染んで、助け合って仕事をしてほしい。もう1つは、専門職としての矜持や魂を失わず、高度な専門性を発揮してもらいたい」。

たとえば心理士でも、相談者が来たら話を聞く受け身のスタンスではなく、一般行政職の仕事をしながら、市民のところに自ら出向く。電話1本で、相談者の自宅の枕元までも行くのが行政の仕事です。残念ながらマッチングできずに辞めてしまわれた方もいますが、そこは試行錯誤しながらやってきています。

2020年にLGBTQ+／SOGIEの施策担当を採用したときのことです。全国から99名の応募があり、採用したのは2名。いずれもLGBTQ+の当事者で、支援活動にたずさわってきた人です。新年度から施策を本格的に進めていく方針でした。しかしコロナ禍が拡大していく時期と重なってしまったのです。通常業務よりも、ワクチン接種などの感染対策や市民生活支援が優先です。各部署からも応援職員を集めなければなりません。LGBTQ+施策担当の専門職も、例外ではありませんでした。そして採用後にいきなり、保健所での「コロナ総合相談ダイヤル」の仕事に就くことになりました。

やむをえない措置ではありました。それでも、狭い所管課の枠を超えてさまざまな部署の職員と交流する機会を得たことで、大きなメリットがありました。役所内でのLGBTQ+に対する認知や共感、理解が広まり、応援する気運も醸成され、結果として事業の促進につながったのです。

「縦割り」と「申請主義」を乗り越える

職員にはよく3つのポイントを伝えてきました。

「チームアプローチ」「アウトリーチ」「ワンストップ」です。

縦割りや縄張り意識の強い行政組織では、制度のはざまを生みがちです。

一方で困っている市民は、たいてい複合的な問題を抱えています。市民の困りごとを既存の縦割り制度に合わせて対応していても、なかなか課題の抜本的な解決にはつながりません。

所管部署の垣根を超えて、他職種の専門職や行政職とも連携して、チームで課題を解決していく。場合によっては、役所以外の専門的な人材や団体、関係機関とのネットワークを活用する。こうしたチームアプローチで、市民の抱える困りごとに総合的な支援ができるようにしました。

市長就任後、教育委員会には、スクールカウンセラー（臨床心理士）、スクールソーシャルワーカー（社会福祉士）、スクールロイヤー（弁護士）を配置。学校でいじめや体罰が起きてしまったら、専門職も含めたチームを組み、対応しています。被害者にはカウンセラーが寄り添い、関係人物の生活環境に問題があればソーシャルワーカーが対応。法的問題には弁護士が対処し、行政職員も各種調整にあたるなど、それぞれが特性を活かしながら連携することで、総合的に問題の解決を図っているのです。

縦割りだけでなく、行政には「申請主義」という冷たい慣習が根付いています。市民を窓口に来させる。申し出がなければ放置する。昔のお上意識のまま。目の前で溺れかかっている人がいれば、誰しもが助けようとするでしょう。ましてや、役所はみんなの税金を預かる公共機関です。「助けて」と言ってこないから机の前にただ座っているなど、ありえません。

本当に困っている人は、役所に行くことすらできない。職員が見過ごせば、市民は溺れてしまいます。だからこそ、行政の側から市民のもとに行くのです。あたりまえに行うべき「アウトリーチ」が役所には欠けていました。アウトリーチという言葉、発想そのものがなかったのです。

たとえ役所に行くことができても、縦割りの役所の窓口には、お約束の「たらい回し」が待ちかまえています。「専門の窓口でそれぞれ対応」ならまだしも、「役所の事務の都合」で分けられた区分がされています。テーマによっては市民が複数の窓口、それもあちこちのフロアに移動させられ、何度も記入させられ、思った以上に時間が奪われていくのです。

役所目線での応対でなく、市民の立場を考えてサポートする。その1つが「ワンストップ」化に向けた取り組みです。これも役所内、職員の連携が欠かせないテーマです。

取り組みを続けて数年後、市内の大蔵市場で大火事が発生しました。

全国ニュースで速報される規模の災害です。マスコミのヘリが何台も飛ぶ下で、延べ2600平方メートルに渡り焼失。幸い犠牲者は出ませんでしたが、約30軒の民家や商店が被災。多くの方が焼け出され、近くの小学校の体育館で一夜を過ごすことになりました。

直後から、保健師が被災者の心身をケアし、マンツーマンで対応にあたりました。「困っていることは?」と聞くと「歯ブラシがない」と言われたので、身の回りの日用品を買えるようすぐ現金を支給。お年寄りの方とはいっしょにコンビニへ行ったそうです。さらに翌日には被災者全世帯に市営住宅を手配し、ひとまず安心して暮らせる場所を用意。弁護士職員が法的問題に対応していきました。

従来の体制のままなら、縦割りと申請主義の壁に阻まれて、この一連の流れも実現できずにいたでしょう。

通常、保健師と弁護士は所属部署が違います。市営住宅も、現金を用意する会計事務も別の部署です。被災者にわざわざ市役所へ来てもらい、本人確認をして、内部で決裁して、数日経たないと現金を渡すことすらできません。

どう考えても遅すぎます。それでもルールどおりだから、それに従う。規則を絶対視して、仕方のないことと受け入れる。

そんなルール、変えていけばいいのです。変えるのに時間がかかるなら、その場で臨機応変に動き、後で手続きすればいいだけです。

職員にもそんなあたりまえの考え方が、ようやく浸透して、市民のために動けるようになりました。

「優秀な職員」とは？

弁護士時代、役所とやりとりしていると「なんでこんなに頼りないねん！」と思うことが、たびたびありました。やる気が感じられず、ちっとも動いてもらえず、本来役所がすべき市民の支援を申し入れても、なかなか仕事をしてくれなかったからです。

市長になってから人事の担当者に聞いてみると、「申し訳ありませんが、それは無理もありません」と言われました。「優秀とされる人はたいてい、財務、人事、政策の3つに配属され、それ以外の人が福祉などに回される」と言うのです。

ここにも市民に冷たい行政の原因の一端がありました。

従来のようなお役所仕事をこなすことが優秀であるなら、「本気ではなく無難で」「できるだけ金を使わず」「市民でなく市長の顔色を窺う」人を「優秀」とでも規定していたのでしょうか。

お金と人と方針を担当する内部の管理部門を重視し、役所の組織防衛を優先、そんなことのために公務員が存在しているのではありません。

「市民に寄り添う人」、市民サービスを直接担う福祉分野にこそ、「優秀な人」が必要です。特に住民に身近な市区町村にとって、市民に寄り添うことこそが重要な責務。もっとも優先して当然の業務であるはずです。

市民に寄り添える人こそが、本当の意味で優秀な公務員です。人やお金を握る管理部門や大きな予算を持つハード整備を行う部署が、いまだに福祉部門より重要視されているなら、市民にもまちの未来にも不幸なことです。多くの行政も、世間も、まだまだ発想の転換が追いついていません。

私は人事権を持つ市長として、旧来の慣習を改めていきました。人事権を適切に行使して、これまで管理部門にいた人、今後行きそうな人も含め、どんどん福祉分野に送り込んでいったのです。単に人の異動だけでなく、人数も増やし、専門性も高め、体制も強化していきました。

福祉関係の部署に異動になったらがっかりしているような役所では、社会はいつまでたってもやさしくなりません。今さらではありましたが、「市民に寄り添うのが役所の仕事」と基本理念を、声を大にして言い続け、人を動かし、予算もつけてきた。そのことが明石市のやさしいまちづくりを支えています。

トップがやるべき4つの仕事

市政の運営には4つの重要なポイントがあります。すでに示した「方針決定」「予算編成」「組織人事」の3つの権限。そして「市民の理解、共感」です。

普段から、市役所の外に出て「市民の声」を聞く。加えて明石市では、市の本庁舎や公共施設、専用メールでも「市長への意見箱」を設置しており、毎週数十通の声が寄せられます。当然、私がすべて読んでいます。極論を言えば、方針を決定するのはある意味、市民。まちの主役は市長ではなく市民、市長はあくまで市民の代表だからです。

そうして把握したニーズから「できる、できない」「やる、やらない」「いつ」「どうやるか」などを整理し、それを実際のスケジュールに置いていきます。すぐやる、半年後にやる、しばらくおいて3年後など、市長になってから12年間、常に更新し続けています。

政治に必要なのは、何かを「したい」という願望よりも「実行する」こと。そのための具体的な計画です。

「いつ」「どこで」「誰が」「費用」つまり、日時、場所、人、金、支障となる事項など、要因をすべて現実化し、論点をしっかり潰していって、ようやく「方針決定」に至ります。

「予算編成」と「組織人事」は、市長がやろうと思えばすぐ使える権力です。使えばなぜかマスコミにも騒がれがちですが、本来どこの市長も持っている権限です。持っているはずなのに、他のまちでは行使されていないようにも見受けられます。

下水道計画を見直す。市営住宅の建設を中止にする。すると「市長、大変です」と担当職員が慌てます。「業者が怒ります」とも言われます。

繰り返し言いますが、方針も、予算も、人事も、市長が決めたその瞬間に確定します。もう結論は出ている話です。軋轢《あつれき》を生むとしても、もっとも支援が必要な市民が放置されては、私が市長になった意味がありません。

行政が自らの発想を転換すれば、財源確保も人員確保もできる。市民にとって大きくプラスの方向に動けるのです。

国やマスコミはよく、「財源の確保が課題」「人材が不足」と言い訳していますが、トップが法律で定められた権限を市民のために使えば、普通にできることなのです。

ただ新しく編成した予算を実際に使うためには、議会の承認が必要です。予算も条例も、最終的には議会の承認がなければ実現できません。議会は、市民の投票で選ばれた議員の集まりです。つまり、市長が議会に説明するのは、市長が「市民の理解、共感」を求めることと同じです。

市長と市議会議員、どちらも市民に選ばれた存在です。同じ市民が、別の選挙で選ぶのです。そのため役割も権限も大きく違います。市長と議会は「車の両輪」とも言われます。市長が決めて市政運営をする。議会はそれをチェックし、承認するポジションです。

私は、そもそも政党や業界に依拠せず、普通の市民に支持されて選ばれた市民の代表です。大きな団体の顔色を窺わず、既得権益であれ市民のためにメスを入れ、預かった税金を市民に戻すための市長になりました。市民の支持があるからこそ、市民の意向を反映して、議会も予算を承認し、新たな施策ができるのです。

本気で自治体のトップがやり切る覚悟を持てば、市民のための施策は実施できます。それを強く感じたのは、兵庫県相生市を視察したときです。

相生市は早くから子ども支援を開始、２０１１年には幼稚園から中学校までの給食費を無料にしていました。中学校だけ無料の明石市より、ずっと充実した支援です。

「なんでこんなことできるんですか？」と相生市長に尋ねると、即答でした。

「わしな、子ども時代に周りの子、飯食われへんかってん。だから自分が市長になったら、家が貧乏であろうが腹一杯飯食わしてやりたかってん。給食費の未納で叩かれるのかわいそうやんか。それが市長になった理由やねん」。

「大変だったのでは？」と、マスコミみたいな質問をしたら「そこだけは譲れへんかってん」と笑っておられました。それを聞いた職員のみなさんは「いやもう大変でした。みんなで止めましたけど、聞いてくれなかったんです」と。

相生市の年間予算は256億円。明石市の2割以下です。決して潤沢とは言えません。

それでもなぜできたのか。

市長の強い意志としか、答えは導き出せません。相生市の職員の口ぶりから、「きっと市長の思いに打たれたな」と察しがつきました。

どれだけがんばっても給料が増えないのが公務員。がんばる理由は、公の誇りしかありません。きっと谷口市長の思いは、職員の胸にあった「公としての誇り」に触れたのではないでしょうか。

果たすべき責務

2021年、ある市長が大きな批判を浴びました。公約を掲げて当選したにもかかわらず、どれも次年度の予算案に盛り込まないことにしたのです。

同じ職務を担う者として、私はがっかりしました。

公約を実現できなかったからではありません。予算を議会に提出しなかったからです。予算というのは、最終的には議会の承認がいるので、市民との約束を果たせないこともあるかもしれません。それでも公約に関する予算を反映し、議会に問うことはできるはずです。「どうせ否決される」と、反対派に配慮して予算化しない者を選んだ市民はどう思うのか。無理なら市民に事情を説明する責任もあるはずです。

しばらく後になってから、そのまちでは公約に基づく方向性が示されました。私もずいぶん心配しましたが、そのまちのみなさんと同様に、ようやくほっとすることができました。

明石市では普段から私自身の言葉で、施策やまちづくりの理念を説明しています。

就任時から重視してきたのは紙媒体、月2回市民に届けている「広報あかし」です。編集長は市長。私です。何を載せて、どんな特集をするのか。テーマやキャッチコピーまでは、私自身が考えています。

時機をみて毎回の特集を決め、「予防ではなく『認知症になっても大丈夫』なまち」「罪を犯した人に『おかえりなさい』と言えるまち」など、表紙に大きく掲げる言葉に、まちづくりの思いを込めています。

普段は役所と接点があまりなく、自分の住むまちの行政のことをよく知らない人にも理解してもらってこそ、まちに共感や応援が広がります。

昔、父に「金もないのにどうやって選挙に勝つんや」と聞かれたとき、「私には口がある」と答えました。「1軒1軒家を回れば、きっとわかってもらえる」と。

あのときから、ちっとも変わっていません。たまにその口が災いを呼んでいますが、いまだに本気で説明すればわかってもらえると信じて、あちこちでしゃべり続けています。

他のまちの広報紙の表紙には、よく市長の顔写真などが載っていることがありますが、明石市は違います。幸か不幸かそこまで男前ではありませんから、そんなことを自らやりたいとも思いません。

その代わりに、市の施策やまちづくりの理念を表紙にして特集記事を毎号のように作成し、市民に思いを伝え続けてきました。広報紙は市民へのラブレターです。

普段から自分の言葉で本気で説明しているからこそ、市民は聞く耳を持ってくれます。思いを受け止め、共感が広がり、市民とつながる。心ある市民の方々が明石市の施策を応援し、里親やこども食堂にたずさわる。まちづくりの主人公として、いっしょに担ってくれる。これが明石のまちづくりの強みにもなっています。市役所や市議会だけでなく、市民も担い手となり、みんなでともに明石のまちをつくることにつながっているのです。

「広報あかし」は、市民への説明責任を果たすベーシックなツールであると同時に、市民の理解、共感を得て、みんなでまちづくりを進めていくための大事な役割を担っています。

思いが伝わってきたのか、こんなキャラのせいか、まちを歩いていると市民からよく声をかけられます。

「口には気いつけや」「いっしょに写真撮ってください」「市長、負けないで」。

身近な存在、市民の側の人間として、みなさんともだちのように気軽に接してくるので、「あの人知り合いやったかな」と思うこともしばしばです。

マスコミでの報道も増え、明石市への注目が高まる中、市の取り組みと理念を伝えることが冷たい社会を変える大きな力になる。そんな思いで、市の広報紙でも、取材でも講演でも、発信し続けてきました。

それでもまだまだです。私の中から言いたいことが尽きる気配など、みじんも感じられません。もっと伝えたいことが山のようにあるのです。

「ほとんどの人が満足をしている」と聞くと
〝申し訳ない〟気持ちになる。
「ほとんど」ということは「全員」ではない。
市長として「至らなくてゴメンなさい」と思う。
「障害があるからあきらめろ」と言われる側だった経緯もあり、
少数者に〝あきらめ〟を強いる政治であきらめたくはない。

4章

誰かの困りごとを
みんなのセーフティネットに変える

「子ども」にやさしいまちは「すべての人」にやさしいまち

まず「子ども」から始めたことで、明石のまちには人が集まり、当初は反対していた商業者や建設業界も「儲かる」ようになっていきました。まちの好循環が順調に回れば、まちづくりを応援する気運もさらに広がります。

子どもが注目されがちですが、明石市は「子ども」だけに特化しているのではありません。市民の理解と応援を得て、「障害者」や「高齢者」についても、全国初と言われる施策を次々と実施しています。さらには「犯罪被害者支援」「更生支援」「ＬＧＢＴＱ＋」といった施策でも全国初の取り組みを重ねてきました。

これまで行政の支援が届かず、置き去りにされてきた分野も決して見過ごさない。たとえ対象者が少なくとも、困っている市民が自分のまちにいるなら助ける。

日本の社会や行政は、いまだに家族任せの発想から抜け出せず、困っている人への支援を疎かにしがちです。個人や家族の狭い問題にしてしまい、何もせず置き去りにしがちです。公の責務として、みんなのセーフティネットの役割を果たす。取り組みの原資は、みんなから預かったお金です。市民みんなの税金で、まちのみんなを助ける。明石市は「すべての人」を対象にした、普遍的な施策を実施しています。

生まれてから亡くなるまで何の支援も必要としない、そんな人はいません。人がひとりでは生きられない社会です。赤ちゃんは放っておいたら死にます。子どもは勝手に育ちません。突然の事故や被災もあれば、年をとれば認知症や身体の不調のリスクも高まります。誰しも人生でなんらかの「支援を必要とするとき」があるのです。

ベーシックな支援は「みんなに必要」で「みんなの問題」。だからこそ、社会のみんなで対応する。社会みんなの責務です。

みんなのセーフティネットを担う。それこそが行政、とりわけ住民に身近な基礎自治体の基本的な使命です。個人や家族だけに責任を押し付けない。明石市はまさに、子どもや障害者だけでなく、みんなにやさしい社会を市民とともにつくっているのです。

生きづらさの原因は「本人」ではなく「社会」の側にある

私たち一人ひとりに、それぞれの限界があります。多くの人ができても、自分にはできないことがある。誰だってできないことくらいはあるでしょう。

私もそうです。常に自分が多数の「できる」側に属するとは限りません。それがあたりまえです。それぞれの個性を認め合う社会こそが、発展へとつながります。

人は鳥のように空も飛べません。モグラのように地面にも潜れません。そもそも誰もが完璧ではなく、足りないところもあるのでは。子どものころから、そんなふうに考えていました。

そんな完璧でもない人間が、「あちら側」と「こちら側」に線を引いて仲間外れにしたがるのです。それを見るたび「空も飛べない人間がなぜ偉そうなこと言うのか」と、冷たい社会を理不尽に感じてきました。

人がひとりでできることなど限られています。「自分だけの力で生きている」なんて思うことほどおこがましいことはないのです。

「人様に迷惑をかけてはいけません」なんて言われても、どうしたってかけてしまいます。「しっかり生きなさい」と言われたって、みんなが一生しっかりできる状態で居続けられるとは限りません。

だからこそ、今の社会制度の中で「できる」とされる側の多数に、少数を従わせることを強いるような対応ではなく、少数の「できない」にも寄り添い、応援することこそが政治行政の役割。それが明石市のやさしいまちづくりの理念であり、「ＳＤＧｓ」でも示されているグローバルスタンダードな姿勢、普遍的な概念です。

たとえば、車いすに乗った方がお店の入り口で段差に阻まれ、入りたくても入れない。それを「すみません、あきらめてください」で終わったことにはできません。周りの人が車いすごと持ちあげれば店に入れます。でも、もっといい抜本的な解決法は、入店を阻む段差をなくすことです。

スロープに変えれば、車いすの方だけでなく、ベビーカーを押す子ども連れにも、杖を使う方も助かります。

市民に気を使わせ、その都度周りに依存するより、整備して段差を解消したほうが、お客さんもお店もよっぽど助かります。市民が暮らしやすい環境を整備していくのは、みんなのお金を預かる行政の仕事。ですから明石市では、段差をなくすお店に税金で全額助成を行うことにしました。これも全国初の取り組みです。

単なる「福祉施策」ではなく、地域の立派な「経済政策」でもあります。

障害を「本人のせい」にしてしまう冷たい発想では、入口の段差をなくす動機すら生まれないでしょう。

誰かに我慢を強いる社会ではなく、誰もが暮らしやすい環境にする。困っている人と、そうでない人、どちらかを特別扱いする「差別」を前提にするのは間違いです。「分断」ではなく、社会にある障壁を取り除く。障害は市民でなく、社会の側にある。明らかな事実です。困ったときはお互いさま。それでいいのです。

より暮らしやすい社会に変えていくのは政治の役割。使命でもあります。ですがなぜか日本は、いまだに冷たい社会のままで変われていません。

国を待つことなく取り組みを始め、まちの風景が変わると、次第に市民の意識も変わりはじめました。

「犯罪被害者支援」は、「市民みんな」のセーフティネット

弁護士時代に愕然としたことが、いくつもあります。離婚のとき、親には弁護士がついても、子どもの声を代弁する者がいないこと。犯罪被害者には弁護士がつかず、理不尽にも放置されていること。たとえ弁護士のつく加害者側であっても、知的障害があると考えられるケースが放置され、福祉支援にはつながらないこと。

数々の冷たい現実を目の当たりにしてきました。法や制度やしくみが間違っているのです。

1件1件の対応では限界がありました。どんな状況に置かれても大丈夫と言える、安心な世の中にしたい。冷たい社会を変える。変えてみせる。政治行政には、冷たい社会のしくみを変える力があります。弁護士から国会議員に転じて、超党派での議員立法、犯罪被害者基本法の制定などにも奔走しました。

1997年に起きた神戸連続児童殺傷事件で、次男の淳くんを失った土師《はせ》守さんと出会ったのもこのころです。淳くんのお墓は明石にあります。土師さんも同様に、犯罪被害者支援のための活動をされていました。

本当に申し訳ない思いに駆られました。

大切な人を殺される。それだけでも想像を絶するつらさなのに、さらに当事者が声を上げねばならないのかと。

「自分の家族で精一杯の人間に、それ以上なにをさせるのか」。

学生のころ、両親にぶつけた言葉を思い出しました。

日本では犯罪被害者やその家族に、厳しい声がぶつけられがちです。

「賠償金目当て?」「本当は防げたのでは?」「抵抗が不十分だったのでは?」まるで被害者側に落ち度があったかのように責められます。加害者の側には弁護士がつきますが、被害者の側に弁護士はいません。おかしな話です。支援が必要なのは、被害者も同じはずです。

明石市では2014年に「犯罪被害者等の支援に関する条例」を改正しました。

1事件あたり300万円を上限に立替支援金を支給する制度で、対象者の拡大、相談や情報を提供する体制の充実、日常生活の支援の充実を図る内容です。当初に定めた「被害直後の支援」から「途切れない支援」へと拡充したのです。

条例制定に合わせたフォーラムで、ご協力いただいた当事者の方々は口々にこうおっしゃいました。

「おめでとうございます」「市民のみなさん、よかったですね」。

胸に刺さりました。

この条例は、時間をさかのぼって支援金を受けとれるわけではありません。ご協力いただいた当事者の方々には、何の得もないのです。それでも未来の被害者に向けて、立ち上がってくれました。いつ被害に遭うかもしれない私たち「みんな」のためにです。

土師さんたちは、ご自身ではなく、私たちに「おめでとう」という言葉をかけてくれたのです。「私たちは泣き寝入りするしかなかったけど、これからは少なくとも行政が真っ先に支援してくれますね」と。

犯罪被害者の支援に取り組んでいると、「明石市は犯罪が多いのですか？」と聞かれます。

特別多いわけではありません。

ではなぜやるのか。すべての市民のためのセーフティネットになりうるからです。ある日突然、自分が、あるいは家族が、大切な人が「行ってきます」と言ったきり、犯罪に巻き込まれるかもしれません。誰にも予測できません。帰ってこないことも、後遺症を背負うこともありえます。残念ながら、世の中から犯罪を無くすのは、相当難しいことです。

「明日は我が身」と言ったら、気を悪くされる方もいるかもしれません。

それでも、被害に遭ってしまったときに泣き寝入りするしかないまちより、支えてくれるまちのほうがいいとは思いませんか。

明石市は決してマニアックな施策をしているわけではありません。

誰かの困りごとの解決をみんなのセーフティネットとして実行する。それが市民みんなのための政治のあり方です。

遺族のみなさんから強いメッセージを受け取り、明石市ではその後も条例のバージョンアップを重ねました。

２０１８年には再提訴や真相究明の支援など「長期的支援」を追加。２０２０年には被害者基金の創設など「幅広い支援」を追加しています。

そしてさらに、もう一方のテーマでも、安心をつくる取り組みを進めていきました。

「おかえりなさい」と言えるまち

明石市は犯罪被害者の支援に続いて、罪を犯した人への支援にも取り組みました。刑務所に入るときから、出たあとの地域社会での生活を支援していく「更生支援」です。

犯罪被害を減らすには、そもそも罪を犯す人を減らせばいい。日本全体で見ると、犯罪の検挙者は年々減少しています。しかし残念ながら、検挙者のうち再犯者の比率は年々上昇しています。２０２０年には過去最多の49・１％。２人に１人が出所後に、再び罪を犯しているのです。

その大きな原因の１つに、社会復帰をしたくとも受け入れ先がないことがあげられます。

住む家もない、仕事もない状態で「もう2度と犯罪を犯すな」とだけ言い渡されても、生活できるすべがなければどうしようもありません。ましてや頼る先もなく、高齢や障害で職が見つからなければ、孤立してすぐに立ち行かなくなってしまいます。

さまざまな事情で自立困難な状況を抱えた人のところには、出所前から面会に行く。役所の職員が刑務所にアウトリーチするのです。福祉などの適切なサービスにつなぎ、出所後は地域で孤立しないよう適宜継続して支えていく。こうした更生支援も、被害者の軽減と再犯防止につながる大事な取り組みです。

本人や関係者だけのためでなく、まちの「みんなのため」になるわけですから、特別なことではなく、行政のあたりまえの仕事だと思っています。

被害者でなく、犯罪者にわざわざ税金を使うのかと割り切れない人もいるかもしれません。けれども「2度と来るな」と拒絶し、誰かを排除して、社会を分断する冷たいまちでは、被害者も加害者も減ることはありません。ギスギスした社会には、不安な毎日が待ちかまえています。

私はことあるごとに、こう伝えてきました。

「被害者支援と更生支援は、車の両輪」。

２０１８年6月15日号の「広報あかし」では、更生支援を特集記事にしました。表紙の全面に更生支援のお知らせを載せ、キャッチコピーは「『おかえりなさい』といえるまち　明石」。思いを込めたフレーズで、いっしょにやさしいまちづくりを進めたいと市民に呼びかけました。
たとえ失敗しても再び受け入れる、地域のみんなで応援する「おかえりなさい」と言えるまちこそ、強くやさしいまちになるはずです。

明石市では国の法律に先駆けて、2016年に「明石市更生支援ネットワーク会議」を発足し、関係機関と連携した取り組みを始めました。その後2019年には「更生支援及び再犯防止等に関する条例」を施行。就労支援や住居の確保、福祉・保健医療サービスとの連携などを条例に明記し、受刑者の社会復帰に向けた包括支援に取り組んできています。全国の自治体で初の条例はその後、他の自治体にも広がりつつあります。

認知症になっても大丈夫なまち

日本では現在、65才以上の認知症の方が約600万人以上いると推計されています。

2025年には約700万人、実に高齢者の約5人に1人が認知症になるとの予測もあります。

誰もが年をとり、年をとるほどかかりやすく、誰にも起こりうるのが認知症です。本人だけでなく、周囲の家族も含めた多くの方にとって、将来への漠然とした不安を抱かせる悩みごとになってくるのです。

市民みんなに関係する避けがたい困りごとですが、現在の医学では認知症を完全に予防することは難しいと言われています。

そうであれば、認知症に「なる前の不安」よりも「なった後でも安心」して暮らし続けられることに重点を置いた施策を進めるほうが、行政として現実的です。

「本人の尊厳を大切にする」「家族の負担を軽減する」「地域の理解促進を図る」。

3つの柱を念頭に、まずは早期に気づくため2018年から、65才以上の市民を対象に「認知症チェックシート」の配布を始めました。チェックシートを提出してくれた方には、図書カード500円分を渡します。認知症の疑いがあれば、受診案内も合わせて郵送しています。

自分が認知症かどうか調べるというのは、勇気がいることです。そのハードルを下げるための図書カードです。たかが500円。されど500円でした。これだけでチェックシートの提出率は格段にアップしました。

当初は認知症の疑いがある方に検査費用7000円の助成も行いましたが、2020年には支援を拡大、診断費用を全額無料にしました。加えて、認知症と診断された場合には6000円分のタクシー券も配布、サポート給付金も2万円を支給。本人がサービスにつながるだけでなく、家族の負担軽減にもつながる3つのサービスの無料券もお届けしています。「宅配弁当券」、ヘルパー派遣などの「寄り添い支援サービス券」、「ショートステイ利用券」です。さらに、継続的、総合的に支援していくため認知症手帳（あかしオレンジ手帳）もお渡ししています。

2022年には、新たに「認知症あんしんまちづくり条例」を制定。認知症のある方と普段いっしょに暮らす家族のみんなが、住み慣れた地域で安心して暮らせるまちづくりを進めています。

認知症になる前の「予防」よりも、「認知症になっても大丈夫」なまちをつくる。本人や家族任せにすることなく、地域のみんなで寄り添い支える。そのための認知症サポーターの拡大にも力を注ぎ、小学生向け、団体向け、職場向け、各地域での開催など、継続的にオレンジサポーター養成講座も実施しています。

実はみんな、少数派に属している

格差社会が広がる今でも、私たちの大多数は、自分の生活を「中」程度だと思っているようです。世論調査で自分を「中流」と答えた人は、1970年代に9割に達してから2020年代になっても、いまだに9割を超えています。

それでも実際は、中間層といっても決して楽な暮らしではない。心にも財布にも余裕がない。それが大多数の実感ではないでしょうか。

自分が多数派、いわゆる周りと同じ側にいると信じたい。少数派ではないと思いたい。そんな意識もあるでしょう。同調圧力の強い日本の社会ですから、周囲に合わせ、つい本来の気持ちを抑えてしまう。そんな生きづらい社会では、多数派を正しいと思い込み、少数派を排除する風潮が強まりがちです。

ブルーハーツの名曲「TRAIN-TRAIN」には「弱い者達が夕暮れ さらに弱い者をたたく」という歌詞があります。自分も少数派で、支援を必要としているのに、多数派のフリをして、強い者のように振る舞うのです。

誰かの不幸を前提にしても、自分が幸せになるわけではない。結局、自分の首を自分で締め続けているのと同じことです。そんな暮らしづらい社会を放置すべきではありません。

今の世の中は「9割くらいの人がハッピーなら、1割ぐらい仕方ない」という多数決の価値観が主流になりがちですが、私にはそうは思えません。

勝ち残り競争のような社会も1つの原因かと思います。

私も還暦に近づき、やたらと同窓会が増えましたが、「しんどい」と思っている者が多いのです。みんな尾崎豊のように「勝ち続けなきゃいけない人生を選んでしまった」と口にします。

年を重ねれば、肩たたきをくらい出向させられる。どんな組織でも、枠は絞られ人が外されていく。それが人生とも思いますが、みんな不満で、なぜか胸を張れないのです。

誰もがいつか少数派になります。誰かを排除していく社会では、自分も排除されることになるのです。

だからこそ、いつか自分がマイノリティと感じたとき、生きづらさを覚える冷たい社会でなく、それでも生きやすくなる社会をつくる。少数派と多数派で区分けしない。

勝者と敗者で分け隔てしない。1人ひとりがみんな違って、それでいいのです。

今から40年ほど前、私が20才のとき、自主制作の雑誌にこんなことを書きました。タイトルは「わがままのススメ」。

「一人ひとりの幸せは異なるから、それぞれの幸せをしっかり応援できる社会こそが望ましい。周囲に遠慮し、我慢して合わせるのは、かえって不幸を招く」。

まさに明石市のまちづくりのスタンスそのものです。市長になる前から、もっと言うと子どものころから、ずっと思いは変わっていません。

多数派でなければ、あたりまえの枠から外れる要望とされ、「わがまま」だと切り捨てられる。でも、一人ひとり顔も体格も違うのが「あたりまえ」と認識されているのと同じで、本来、個人の願いも異なって当然です。

たった1人の願いでも叶えていく。それが、みんなの未来につながると本気で考えています。だからこそ私は大学生のときから、「一人ひとりのわがままを応援できる社会をつくりたい」と思うようになったのです。

多数か少数かは問題ではありません。切実な市民の声に寄り添い、課題を解決していく。そのために政治行政が知恵を絞り、対応を制度化する。その繰り返しがあれば、生きやすいまちになっていきます。

人は社会的意義だけでは動かない「障害者配慮条例」の背景

私たちの社会には、街中の階段などの「物理的な障壁」だけでなく、旧来の慣行や制度、さらには偏見や無関心、思い込みといった「意識の壁」など、多くの障害が存在しています。

障害は社会の側にある。これらの障壁を取り除くのは「社会の責務」です。

２００６年になって「障害者の権利に関する条約」が国連で採択され、さらに遅れて日本が批准したのは２０１４年。ようやく国が「障害者差別解消法」を施行したのは、２０１６年のことです。法律の上では、障害者を単に個々の心身機能の障害だけでなく、「社会的障壁」により継続的に日常生活、社会生活に制限を受ける状態と表すようになりました。

このような考えを「障害の社会モデル」と言いますが、子どものころから私が自然に受け止めていた考え方でもありました。周りの一人ひとりは悪い人ではないのに、慣習や制度が少数派を排除することを前提にしていたのです。

障害は社会がつくり出している。子どものころからずっと怒りを覚え続けてきました。

障害を理由とした差別の解消を推進するため、社会の責務としてルールや環境を変え、調整する。明石市ではまず2015年に、全国初となる「手話言語・障害者コミュニケーション条例」を制定しました。

手話を言語として認め、その普及と利用を促進する。そして、障害者の情報保障やコミュニケーション推進を図る。障害を理由とした差別の解消に向けた施策として、2つのテーマを含む条例を制定したのです。

翌2016年には、国の差別解消法の施行に合わせ、市で「障害者配慮条例」を施行。正式な名称は「障害者に対する配慮を促進し誰もが安心して暮らせる共生のまちづくり条例」です。条例名に「差別」を使わず、「配慮」を使用しました。

この条例に基づいて、相談体制の整備、身近なところで支援する地域協議会の設置とともに、全国初となる「合理的配慮の提供を支援する公的助成制度」を開始しました。障壁を持つ社会の側が、障害者に配慮する。そのための費用を税金で助成することにしたのです。

民間の商店や飲食店、自治会が行う、点字メニュー作成、チラシなどの音訳、筆談ボード導入や簡易スロープや手すりの設置、それらの物品購入や工事の費用を行政が助成します。

身の回りのコミュニケーションの支援と小規模なハード整備ではありますが、これらをきっかけにまちの空気は大きく変わっていきました。

制度の利用は、開始から5年間で500件を超えました。

最初は福祉関係の事業所ではなく一般商店からとの思いで、商店街連合会の会長さんの店から始めてもらいました。これを普段から障害者に関わるお店から始めていたら、「あそこは身内に障害者がいるから」で話が終わり、他に広がらなかったでしょう。

配慮するのが1店や2店だけでは「あそこの店は変わり者」で片づけられますが、数十店を超えてくると、逆に配慮があたりまえに変わり、「普通の光景」になっていきます。

象徴的だったのは、昔から地元にあるケーキ屋さんが、入口に簡易スロープを設置し、筆談ボードと点字メニューも導入したことです。市民に馴染み深い有名店もバリアフリーに変わった。その事実は強いインパクトを与えました。

今では、明石駅構内や駅前再開発ビルの店舗のほとんどに、点字メニューや筆談ボードが設置されています。

筆談や点字を使えるようになり、「ケーキを買ったら、持ち帰り時間に合わせてドライアイスの量が変わることを初めて知った」「何十年も通っているお店で、麺の種類を選べることを初めて知った」と驚く声も聞きました。

地元の商店だけではなく、ＪＲ駅前のマクドナルドやスターバックスにも筆談ボードが設置されています。そのおかげで「初めてトッピングのカスタマイズができた」という方もいました。スターバックスの明石店では「ありがとう」以外も言いたくて、手話を学び始めたスタッフもいたそうです。手話が共通言語となる国内初のスターバックスが東京にオープンする、何年も前のことです。

点字メニューや筆談ボードを設置したお店の方々の反応は上々です。

障害者が入りやすい店づくりをすれば、新たな客層が来てくれる。店の評判も良くなる。売上が増える。「障害者への配慮と聞くと難しいと考えてしまいがち。でも、できることをやればいいと気づきました。これからは、他の障害をお持ちの方に対しても、できる配慮から始めていきたい」と話してくれたお店もありました。「障害者にやさしいまちを」と唱えたところで、それだけで人はやさしくなれません。頭では理解しても、自分には商売がある。養う従業員もいれば、家族もあるのです。儲からなければ、生活できません。

きれいな言葉で「社会的意義」を語るだけでは、たとえ心に響いたとしても、実際の行動には移し難い。でも、現実の暮らしの「損得」と組み合わせて示すことができれば、受け入れやすくなります。行動に移してみれば、社会的意義も損得も、しっかり両立する。人が動き始めるには「リアリティ」が非常に大事だと、常々考えています。

商店街のお店から、よく「アーケードをつけてほしい」と聞きます。お客さんをもっと呼びたいのでしょうが、アーケードの設置ではそれほど効果は生まれないでしょう。そのうえ、商店街だけ優遇すると、よそから文句も出てきます。

でも、誰もが入りやすいお店づくりには、誰も文句はつけないでしょう。それどころか「いいことしているね」とみんなに褒められる。お客も助かり、実際にお店も繁盛します。

障害者であれ、お店の方であれ、誰もが必死に生きている。

みんなをハッピーにするには、どうするか。

行政が上から目線で指示を出したら簡単に事が進むのは、「お上意識」で成り立つ時代劇の世界。もはや遠い昔の話です。

今の社会に暮らす市民、それぞれにとってのリアリティを見極めて、効果的に施策を進めていく。それが政治や行政、市長の役割だと考えています。

当事者とともに、まちの風景を変えていく

行政は新たな施策を検討するときでも、縦割りです。既存の枠で仕事を無理矢理片づけようとしてしまいます。

障害というテーマなら、当然のように障害福祉部門に任せきり。でも担当者は、普段から各種の手続きなど通常業務で手一杯。新たな政策立案を行う余力も、思いも、時間も限られているのが実態です。

加えて、そこにいるのは障害当事者でも支援者でもなく、ほとんどがたまたま配属された一般の事務職員。やってるフリではなく、当事者目線で本当に意味ある内容とするために、2014年、障害者施策を担当する専門職の全国公募を行いました。採用したのは、内閣府で障害者差別解消法の実務を担っていた人。自らにも身体障害があり、車いすを利用しています。存分に活躍してもらうため、新たに障害者施策を立案する部署も設けました。

役所の事務方だけでなく、参画する市民にも当事者がいるべきです。

国連で2006年に制定された障害者権利条約の審議には、障害当事者も参画し、その審議過程では「私たち抜きに、私たちのことを決めないで（Nothing About Us Without Us）」というフレーズが繰り返されました。

当然、明石市でも障害者配慮条例の検討に際して、身体障害のある方、視覚障害のある方、聴覚障害のある方などの当事者に参加してもらい、意見交換を重ねました。異なる当事者同士が意見を交換することで相互理解も深まり、施策もより具体的なニーズに合った内容へと練り上げていきました。

さらに検討委員会の段階から、商工会や商店街連合会など、普段は福祉行政に縁遠いと見なされがちな方々にも声をかけ、参加してもらいました。

障害者への配慮を促進すれば、まちがやさしくなる。みんなが幸せになることを実感し、事業者の方々にもいっしょに取り組んでもらいたい。狙ったのは、思いや情報の共有だけでなく、現実的な効果です。

こうして条例の検討を進めていた最中の2015年11月、JR明石駅のホームで若い医師が列車と誤って接触して亡くなりました。翌年には東京メトロの青山一丁目駅で、盲導犬を連れた視覚障害者が線路に転落して命を落とします。事故は後を絶たず、大阪でも視覚障害者が、ホームから転落死してしまいます。

市の視覚障害者団体から請願が提出され、市議会の全会一致で採択されました。駅の安全は障害者だけでなく、駅を利用するすべての市民の安全と安心に直結します。私は市議会といっしょにホームドア設置の要望書を国に提出。市内の障害者団体が中心になり、ホームドア設置のための署名活動も開始されました。市民の関心も高く、短期間で1万筆以上もの署名が集まりました。

市民が集めた署名を手にして、国土交通省の大臣や副大臣などに会い、JR西日本の本社にも要望に行きました。活動の主人公である障害者団体の代表を中心に、市議会議長、商工会議所の会頭、そして市長。そのときの商工会議所の副会長は、点字メニューと筆談ボードを一番に置いてくれた方です。

当時はまだ、神戸市の中心街である三ノ宮駅にさえホームドアが設置されていない時期でした。明石駅への設置は、検討すらされていなかったのです。けれども、市民団体の声を中心に地域一丸となり結束した、熱意ある働きかけが実を結びます。県内の他の駅に先立ち、明石駅にホームドアが設置されることになったのです。

市民みんなで集めた声が届き、市民みんなの願いが叶う。いっしょに知恵を絞り、汗をかき、提案もする。市民みんなで思いをカタチにできたのです。まちの誇りになりました。

また、この出来事は、市内の障害者団体にとっても大きな成功体験となりました。

これをきっかけに各団体の連携がいっそう進みます。

市内の8つの障害者団体が1つになり、明石市障害当事者等団体連絡協議会（通称：あすく（ASK））が結成されました。常設の事務所を構え、相談事業も開始。当事者自らが冷たい社会を変えていく、継続的な活動につながったのです。

市民が議会を動かした「優生保護法被害者の支援条例」

国会議員時代に、厚労省の障害者施策について担当者と話したときのことは、今でも忘れられません。

「障害者に会ったことがない」と言うのです。

耳を疑いましたが、担当に就いてから施設見学で見かけたくらいというのは、どうやら本当のようでした。障害者に直接会ったこともない人が、国の障害者施策を担当している。衝撃の事実でした。

子どものころ、弟が通うリハビリ施設と障害児のいない学校という2つの世界を行き来して、「なぜ別々なんだろう」と思っていたことが、ここにつながっていました。

地域でも、学校でも、障害のある人たちが存在することすら知らずに育った「優秀」な人たちが政治家や官僚になり、悪意なく「優生保護法」のような法律をつくり、施策を推進してきたということがよくわかりました。

２０１８年1月、１人の女性が仙台地裁に国賠訴訟を提訴したことをきっかけに、優生保護法の被害がマスコミで報道されるようになりました。明石市は6月に市内10ヶ所に相談窓口を設置。「あすく」を通じて障害当事者、家族、支援者に情報提供を開始しました。

翌7月になり、市内にも被害者がいることが判明します。市長になる前に手話を教えていただいた、聴覚障害のあるご夫妻でした。

すぐに直接話を伺いました。

約60年前、妊娠した子を説明もなく中絶させられたこと、同時に不妊手術も受けさせられていたこと。そしてそれをつい最近まで知らなかったこと。

その後ご夫妻は、「私たちは何も間違ったことをしていない」と、顔と名前を出して裁判を闘うことを決意、神戸地裁に提訴します。全国の地裁で裁判が始まりましたが、「この法律は違憲だが、除斥《じょせき》期間（20年）を過ぎている。損害賠償は認められない」という判決ばかりが続きました。

国が申し訳程度につくった一時金支給法は、ハンセン病やアスベスト、B型・C型肝炎と比べても驚くほど安い３２０万円の一時金。しかも中絶手術は対象にならず、子どもを産み育てるのは夫婦のことなのに、手術を受けた本人だけを被害者とする不十分な内容でした。

私が18才で上京して初めて参加したデモは、この優生保護法反対のデモです。

この法律は、弟が見殺しにされそうになった元凶。「冷たい社会を変えたい」と政治家を目指す原点となった、私にとって特別なテーマ。怒りと「復讐」の原点です。

そして、自分が市長となった今も、市民の中に被害者がいて、苦しみを抱えている。この現実に、市としてできることを考え、被害者を支援する条例を提案することにしました。

名乗り出ているのは2人だけ。でも、被害者は他にもいるはずです。対象となる市民は少人数ですが、この条例は「明石市は苦しんでいる市民を見捨てない」という強いメッセージになるとも考えました。

市の支援金は300万円。手術を受けた本人だけでなく、配偶者も支援。もちろん中絶手術を受けさせられた方も対象です。

2021年9月、市議会に条例案を出しました。結果は賛成9名、反対12名で否決。その後議会で指摘された点などを修正し、再度提案しましたが、議会の多数派によって「上程見送り」、つまり議論さえしてもらえませんでした。

本人の同意なしで強制的に中絶や不妊手術。そんな戦後最悪の人権侵害とも言われるこの法律の被害者を支援することに反対する議員がいる、ということにもどかしい思いをしました。やさしいまちづくりへの反対派が多数を占めている。それが当時の明石市議会の現実でした。

それでもあきらめることなどできません。多くの市民が応援してくれました。2回実施したパブリックコメントには、市内外からこれまでにない多数の意見が集まったのです。

「大切な問題を取り上げていただき感謝している」「明石市に住んでいてよかった」「被害者への支援は、私たちが市民としてしなければならないこと」。

医師会や商業者、まちづくり関係者などの代表による検討会でも「全会一致で可決するべき条例だ」など賛成意見が相次ぎ、反対意見はありませんでした。「あすく」の方々からは「余計反対されるから、市長は動かんといて。自分たちが議員にも話しに行くから」と言われ、実際に請願を提出されました。

結果、反対していた会派の1つが賛成にまわり、3度目の正直の12月議会で、賛成16名、反対12名でついに条例は成立しました。正式名称は「旧優生保護法被害者等の尊厳回復及び支援に関する条例」です。

市民の声が条例をつくったのです。

12月21日、可決の瞬間、もう高齢になられた被害者に「間に合った」という安堵の気持ちと、幼いころからの思いが押し寄せ、思わず涙してしまいました。

市長になって10年、あの冷たかった明石がここまできた。ようやくやさしいまちに近づいた。感慨深く、さまざまな思いが溢れたのです。

「やさしい社会を明石から」の「明石から始める」はある程度できた。これからは「全国に広げる」にさらに力を入れたい。

新たな思いで、この日、これまで周囲の誰からも羽交い絞めされ、止められ続けたツイッターでの発信を開始しました。

「標準家庭」をなぜアップデートしないのか？

「なんでこんなことができないのか」「なんでいまだにこんなことを」。

お役所の内部を知れば知るほど、愕然《がくぜん》とさせられてきました。国も地方もです。中央省庁にいたのは、受験競争を勝ち抜いてきたエリート層。狭い世界で生き残り、困っている市民の日常とはかけ離れていました。そうでなくても普段から現場とは縁遠く、関係者に「わかってない」と思わせてきたのが国や官僚です。霞ヶ関の机の上から、実態とはかけ離れた政策が出てくる背景が窺えます。

支援を担当する部署ですら、困っている人を起点にした政策になっていない。実態を知らず、見えていない。当事者に寄り添っていないのです。

国では社会保障の給付や負担、家計における税試算などに「標準家庭」を使っています。

１９７０年代から日本の典型的な家族構成として、「勤労する父親、心やさしい専業主婦の母親、健康に育つ２人の子の４人家族」を想定し、今でも標準と称して使い続けています。

そんなモデルは、実態に即してはいません。そもそも問題なく暮らす健康家族を前提にする考えがどうかしています。

さらに今では子どもの数が減り、収入は増えず、負担が増えているのです。１９８５

年の国勢調査で、すでに共働き世帯は半数を超えており、今も増え続けています。支援しなくていい市民を前提とするのでなく、困っている市民を想定して支援する。現実離れしたモデルを基準とするのではなく、今の市民の暮らしを見て、発想を変えていくべきです。

私が想定する標準家庭はこうです。

「収入不安定なDV夫に、メンタルを病みパートを辞めさせられそうな妻、ネグレクトで不登校の子と、家の奥には寝たきり認知症の祖母がいて、借金を抱え生活困窮」。このように課題がいくつも複雑に絡み合ったケースです。職員にも、そういう家族を標準と想定して仕事するように伝えています。

子育て、介護、DV、就労、家計など複数の問題を抱える家庭なんて、決してめずらしくはありません。弁護士時代に実際、数多く接してきました。1つの問題に対応しても他の問題を放置していたら、何も解決しません。

声を上げられないから気づかれないだけで、生きづらさや困難さは、みんなが何かしら抱えてしまうもの。こうした想定で臨めば、子ども支援、高齢者支援、DV対策、障害者支援、就労支援、生活困窮支援など、少なくとも5つくらいは予測して、包括的に向き合うことができます。

家庭訪問をした際、子どもの担当者が認知症の祖母を見つけたとしても、「私は介護保険の担当じゃないので」と見て見ぬフリをすることもなくなります。

ありのままが、あたりまえのまち「ファミリーシップ制度」

男性、女性だけでなく、もっと多様な性のあり方についての情報が取り上げられる機会も増えてきました。世の中の認識も理解も、少しずつではありますが進みつつあると感じています。でも、まだまだ途上です。

見えづらい存在とされ、生きづらさを抱える性的マイノリティの方々は、実は身近にいます。近年行われた複数の調査によると、日本のＬＧＢＴＱ＋の人口規模はおおむね8～10％程度。決して少なくない方々が、今も周囲の無理解により困難に直面しています。

２０１５年に東京都の渋谷区や世田谷区が同性パートナーシップを制度化して以降、

徐々にではありますが、国内各地の自治体による取り組みも広がりつつあります。

私も早くからこのテーマについて意識していましたが、やるからにはこの施策も「やってるフリ」ではなく、当事者や当事者に近い人たちのニーズに沿った実効性のある制度にしようと考えてきました。

2019年秋になり、ようやく明石でも動きが現れました。地元の複数の団体が共同で、明石プライドパレードを初めて開催したのです。レインボーフラッグを掲げ、明石公園を出発して、明石港、商店街を行進。2時間かけて街中を回り、マイクで「私たちをもっと知ってください」と訴え、道行く人々に手を振りました。

パレードに出会った道行く市民も微笑ましく見ながら、手を振り返しています。

その様子を離れて見ていた私は「ようやく明石でも実施できるタイミングが来た」と思いました。そのパレードが、明石市において「歴史的な1歩」となったのです。「課題を整理し、来年度中には新たな制度の創設につなげたい」とのメッセージを主催者に送りました。

そして翌年、全国公募でLGBTQ+当事者2名を採用。当事者の視点で困りごとを解決していく取り組みをスタートしました。

最初から、市で公的に関係性を「証明」するだけでなく、実際の課題解決につながる「効果」も重視した検討を進めました。

従来の堅苦しいルールでは、パートナーが病院に緊急搬送されても「法律上の親族ではないから」と、病状を説明してもらえない。ＩＣＵ（集中治療室）で予断を許さない状況なのに、手を握ることすらできない。住居を借りようにも、家族として認められずに契約できない。日常にさまざまな問題がありました。

さらに、当事者職員と協議する中で、パートナーだけでなく「子ども」も含めて関係を証明してはと提案がありました。

たとえば、以前に異性同士で結婚して子どもを授かっていたＡさんが、そのあと同性のＢさんとパートナーになったとします。しかし、Ａさんの「子ども」とＢさんの親子関係が認められなければ、日常のほんのささいなことさえ不便です。Ｂさんが子どもを迎えに保育園に行っても、親として扱ってもらえない。子どもを引き取ることさえ難しいのです。医療機関や不動産会社でも、同様の問題が起こるでしょう。

多様な家族のカタチは、今の日本の法律にはありません。霞ヶ関からは見えていないかもしれません。けれども、私たちの目の前、まちの中に現実にあるのです。それが今の冷たい社会の現状なら、家族が家族としてあたりまえに過ごせるよう、市民に身近な基礎自治体から制度を整えていくしかありません。せっかくパートナーシップを宣誓しても、困りごとの解消につなげられなければ意味がないのです。

明石市では、パートナー同士の関係とともに、全国で初めていっしょに暮らす子どもも合わせて関係性を証明する「パートナーシップ・ファミリーシップ制度」を開始しました。

性別に関係なく利用できる制度にしたので、ＬＧＢＴＱ＋の方だけでなく事実婚の方も対象です。また、当事者の気持ちに添った届け出ができるよう、6種類の届け出様式を用意しました。パートナーシップ届、ファミリーシップ届、結婚届、家族届、事実婚届、そしてタイトルを任意に記載できる○○届です。

制度開始に先立ち、２０２０年の末には市内医療機関と連携し、制度実施後もさらに市医師会との包括連携協定を結ぶなど、医療機関で安心して家族としての対応が受けられるように働きかけていきました。

その他にもこの制度で、市営住宅、市内の県営住宅・県公社住宅への入居、市営墓園の使用・承継、犯罪被害者等遺族支援金等の給付、税証明書の申請、保育施設の申込などが家族として可能になっています。また、これまで「同居人」しか選択できなかった住民票の続柄を「縁故者」に変更することもできるようになりました。法で認められているわけではなく十分ではありませんが、当事者の声を踏まえて実効性ある制度を心がけました。

その後1年あまりで、ファミリーシップ制度など、子どもとの関係を証明する自治体は全国で40以上になりました。パートナーシップ制度の導入自治体も2022年11月で242になり、総人口の62%をカバーするまでになってきました。目指すのは「ありのままが、あたりまえのまち」。誰もが自分らしく生きることができる社会です。

意思決定のあり方を変える

世界経済フォーラムが2022年に公表した、男女格差を測る「ジェンダー・ギャップ指数」。日本は先進7ヶ国（G7）で最下位。東アジア・太平洋地域でも最下位。とりわけ政治部門では146ヶ国中、139位と低迷しています。

国会議員の女性比率は2022年になっても衆議院でわずか9・9%。全世界で多様性を重視する動きが広がる中、いまだに日本は男性中心社会から変われていません。性別による役割の固定観念や古くからの偏見も根強く残り、「ジェンダー」という言葉だけは認識されるようになってきたものの、意識改革が進んでいないのが実態です。

最近の国政選挙ではよく、先進事例としてルワンダが取り上げられるようになってきました。ルワンダ共和国では下院80議席のうち、女性は49人。2021年の女性比率61・3%は、世界1位です。

ルワンダで女性の社会進出が進んだ背景には、1994年のジェノサイドがあります。民族間の闘争で残された女性が、これまで伝統的に男性が担ってきた分野にも従事。新たな憲法起草にも女性がたずさわり、「ジェンダー平等」が憲法に明記されました。また、地方を含むすべての議会で女性の議員比率を3割以上とする「クオータ制」も定められたのです。

制度導入後の初の選挙では、国会議員に占める女性の割合は48・8%に上昇。2003年にはすでに、世界で女性議員割合がもっとも高い国となっていました。

残念ながら明石市も、ジェンダー平等への意識が高まっているとは言えません。

私は市長に就任した1年目に、まず意思決定における改革を具体化しようと、市議会に議員定数の削減と合わせて、「議会男女共同参画条例の新設」を提案しました。男女の割合がいずれも3割を下回らないと定める「クオータ制」を導入する内容です。

あえなく全会一致で否決されました。一方で「泉市長の議会対応に対し反省を求める決議」が、全会一致で可決されました。当事、市議会議員30名のうち女性は5名でしたが、その後もクオータ制を導入することはできませんでした。

それでも10年後の2022年、女性議員は9名になりました。制度はなくても時代が追いつき、現行定数30名のうち欠員が1名という現状のため、当初出した条例の狙いどおりに3割を超えました。

近年は、市役所も女性職員が増えてきました。今や30才以下の行政職は7割以上が女性。主任級も女性が半数以上です。ですが、その上の年代は男女比がアンバランスなままで、キャリアアップも遅れています。係長級になると女性は2割台。管理職では2割を切っています。まだまだ取り組みが必要な状況です。

ある年、次年度の予算協議を行うため、市長、副市長、政策局長、財務部長など、いわば市の幹部10名ほどが集まりました。なんと当時は、その場の全員が「年配」の「健常者」の「男性」でした。こんな「おっさん」だらけの会議で「すべての人にやさしいまち」を目指す予算について議論するなんて、話になりません。その場で仕切り直し、すぐに女性の管理職数名も交えて議論を再開しました。

想像力を働かせるにしても、限界はあります。当事者の実感に基づいていればこそ、実効性ある施策につながります。同じ属性の者だけで検討するような従来のしくみを変えなければ、「わかってない！」と、ピント外れの施策にしかなりません。世の中には男性の私自身が見えていないこともまだまだあると考えています。

2021年には「ジェンダー平等プロジェクト」を発足。翌年からは有識者を交え、「ジェンダー平等の実現に関する検討会」を開催しました。

検討会からは、審議会などにおける委員の多様性の向上について、いくつか提言を受けました。男女の割合の下限を3割から「4割」に引き上げること。そして性別だけでなく、さらなる多様性に言及し、「一定割合の障害者を委員に選任」することも盛り込まれました。

ジェンダー平等社会の実現は、「SDGs」の目標の1つです。それだけでなく、持続可能な社会の前提として、そもそも必要なことであり、今もっとも重要なテーマの

1つでもあるとの認識です。

明石市ではさらに、性別だけでなく、年齢、国籍、障害など多様な属性の方が意思決定に関わり、すべての人にとって本当にやさしい社会の実現を目指しています。

明石市の最上位の基本計画である「あかしＳＤＧｓ推進計画（第6次長期総合計画）」の審議会は30名中、女性が5割を超える16名。高校生から高齢者まで幅広い世代の市民だけでなく、複数の障害者や外国人も参画しました。ＳＤＧｓと同じく目標年次を２０３０年に定め、多様性を尊重したまちづくりを進めています。

市民満足度91・2％。でも気になるのは、8・8％の市民

明石駅前でユニバーサル対応を行っている「あかし案内所」は全国で初めて、また県内初の「心のバリアフリー施設」として観光庁から認定を受けました。２０１７年には市が最初の共生社会ホストタウンに登録されるなど、国からも評価されています。

民間調査でもさまざまなランキングで第1位獲得が続き、10年連続人口増などの実績も含めて、名実ともに勢いのある人気のまちになってきました。

大変喜ばしいことですが、単に人口やお金が増えればいいわけではありません。本当に「住みやすい」「住みたい」と一人ひとりに実感してもらえるよう、安心して暮らせるまちにするのが市長の役割です。

すべての人に目配り、気配りできるまちづくりをしっかりやっていきたい。困っている市民を自己責任の名目で切り捨てない。支援の対象を絞り込んだり、市民を分断する発想でなく、誰ひとり置き去りにしない。「安心」が自分たちのまちや行政への信頼につながると信じて、まちづくりを進めてきました。

直近の市民意識調査では91・2%の市民が「明石市は住みやすい」と評価しています。それでも市長としては、残り8・8%が気になるのです。

「住みやすい」と答えてもらえていない市民にこそしっかり光を当て、より多くの方々に住みやすいと感じてもらえるようにする。冷たいまちを、みんなにやさしいまちにするのが私の子どものころからの誓いです。

明石市が進めてきた「誰ひとり取り残さない『共生』のまちづくり」。これは2015

年になって国連で提唱された「SDGs」の理念とも重なります。明石市の「やさしいまちづくり」を世界共通の理念が、しっかりと裏打ちしてくれました。グローバルスタンダードの概念でもある「インクルーシブ」をベースとして、明石市ではこれまでと同様のスタンスでまちづくりが進んでいます。

「インクルーシブ」という言葉自体は、まだまだ市民には馴染みが薄い存在です。その日本語訳についても大変悩ましく、「包み込む」「包摂」など、決してわかりやすいとは言えません。意訳で「配慮」「分けない」「多様性」などと表す方法もありますが、私自身は「安心」「大丈夫」という表現も切り口の1つと考えています。

いずれにしても、この「インクルーシブ」という理念をしっかりと受け止め、できることを広げていくため、行政だけではなく、関係団体、地域の方々ともさまざまな工夫をして取り組んでいけるよう、新たに条例を制定することにしました。

条例づくりは、まちづくりの有効な手段です。

条例をつくる過程で理念をしっかり各現場に落とし込む。その中での気づきを条文に反映させていく。条文に反映しなくても引き続き検討していく。インクルーシブ社会に向け、まちを挙げての取り組みにつなげる心意気で向き合ったのです。各分野で全国レベルの有識者の方々に参画いただいて、3年半にわたり検討を重ねました。つくり方そのものにも重要な意義がある、との認識です。

「あかしインクルーシブ条例」の基本理念には、このような趣旨を記載しました。

①要支援時の確実な支援

社会的な孤立を防ぎ、すべての市民が安心して暮らせる社会を目ざします。

②障害者等の社会貢献

「支援される人＝弱者」と考えるのではなく、障害がある人たちが自ら考え、関わっていくことで、社会全体にとって良い効果を生み出すと考えます。

③理解の広がり

インクルーシブという言葉や考え方を理解してもらうため、わかりやすく伝えていきます。

④個性を生かした能力の発揮

その人の個性がそのまま尊重され、誰もができる範囲で最大限の力を発揮できるような社会を目ざします。

すべての人が自分らしく生きられることを目的として、年齢や性別、障害の有無、肌や髪の色などに関係なく、1人ひとりの違い、多様性を尊重して、みんなでいっしょに暮らしやすい「やさしい社会」を「明石から」つくっていこうとする理念です。

市長になりたての1年目に、「子ども」にやさしくするための予算案を議会に提出したところ、修正動議を出されました。

10年が経ち、同じまちで、「すべての人」にやさしくあるための条例が全会一致で可決されたのです。

全国初の条例です。

同じ時期に制定した同じ全国初の「水上バイク条例」とは違い、ニュースにはなりませんでした。大きな話題にはなりませんでしたが、3年半もの間、丁寧に議論を重ねていただいた多くの関係者の方々とともに制定を喜び合いたい気持ちで一杯でした。

その年の新年度予算でも、「誰ひとり取り残すことのないまちづくり」をみんなで進めていくというスタンスをまちづくりの根幹に据えました。市の総合計画でも「ＳＤＧｓ未来安心都市」として、「いつまでも　すべての人に　やさしいまちを　みんなで」というキャッチコピーを謳っています。「いつまでも＝サステナビリティ」「すべての人＝インクルーシブ」「みんなで＝パートナーシップ」という趣旨です。

「インクルーシブ条例」は、まちづくりのシンボル的な条例です。条例は新たなスタートであり、これまでの明石のまちづくりを明文化し、明石のまちの未来へとつなぐ大切な規定。多くの市民が共感を持ちながら、まちづくりが進むことを強く願う立場です。

そもそも明石市の施策は、1つの支援をとってみても、みんなのためになる取り組みです。駅にホームドアが設置されて助かるのは、視覚障害者だけではありません。子ども連れの方、酔っ払った人、心身が疲れてしまったときにもセーフティネットとして機能します。「認知症になっても大丈夫」というコンセプトと、犯罪を犯してしまったとしても「おかえりなさいと言えるまち」というコンセプトの根底にあるのは、同じ温かい思いです。

少数の困りごとを解決することは、多数の人々のセーフティネットになります。

障害者、犯罪被害者、無戸籍者、ひとり親、ＬＧＢＴＱ＋、子ども、女性……そういった「マイノリティ」とされる人たちをすくい上げ、足し合わせていけば、それはもはや「マジョリティ」です。世界の主流であるインクルーシブの視点は、この世の中を「少数派と多数派」に区別して分断や排除を強制的に持ち込む発想とは異なります。

冷たい社会を変えていく。行政だけでなく、私たち一人ひとりにも託されています。

「税金」について、ひとこと。
「税金」とは、国民から預かっているお金だ。
それに「知恵」と「汗」の付加価値をつけて
〝国民に戻す〟のが、政治の役割だ。
今の政治は、国民に戻さずに、
懐に入れたり、横流ししている状態だ。
「税金」を預けたくなるような政治を
目指すべきだと本気で思っている。

5章　コロナ禍で見えた自治体のあり方

緊急時に政治が機能するには？

新型コロナウイルスの感染拡大の影響に、誰もが否応なく巻き込まれ、これまで経験したことのない大きすぎる混乱が生じました。

感染のピークに何度も襲われ、いまだ終息の兆しが見えない中、マスク、ワクチン、行動制限など、私たちの社会生活には深刻な影響が及び、みんながこの問題の当事者にされてしまう事態となりました。

そして、コロナ禍はある意味、政治の「役割」と「問題」に人々が注目するきっかけにもなりました。これまで関心が薄かった人々も含め、「政治がどれほど機能するか」が、日々の暮らしに直結することになり、自分ごとにならざるをえなくなったのです。

もはや政治に無関心では済まされない。

そんな状況に強制的に追い込まれるほど社会に衝撃を与えたのが、コロナ禍です。

日本で最初に感染が発表されたのは2020年1月。初期は渡航者などに限定的でしたが、各地で集団感染が頻発し、急速に全国に拡大していきました。

明石市も国の要請を受け、3月初めから2週間、市立小中高を休校し、市立幼稚園も臨時休園。不穏な先行きを危ぶみ、早めに体制を強化して市民の不安に対応するため、翌週には市独自で新型コロナウイルス感染症に関する「総合相談」ダイヤルを設置。24時間の相談体制をとりました。

4月に入ると市内でも感染が発生。7日には兵庫県を含めた7都府県に最初の「緊急事態宣言」が出されました。不要不急の外出自粛、県外への移動の自粛などの要請が出されたのです。同日、私はすぐに記者会見を行い、学校園の休校の発表と合わせ、ひとり親家庭の生活支援として、市独自の児童扶養手当への上乗せ支給を打ち出しました。

学校や会社に行けず、社会活動は軒並み停滞。まちから人が消えることになりました。日常生活も不便になり、人も物もお金も回らない。市民の懐事情も逼迫し、感染への不安も、生活の不安も募る一方です。

それでも、国からの支援策はなかなか具体化しません。

感染症対策の徹底は当然のこと、市民生活への緊急支援がすぐに必要なのは明らかです。緊急時にはスピードこそが重要。それなのに、補正予算案の組み替えによる混乱などにより、国会審議にさえ入れていない状態だったのです。

この間も、私はいつものように街中へと出かけ、いつもと違って閑散とした商店街を歩き回りました。

ある店では、「人が来ないので、今は夫婦だけ。パートさんには休んでもらった。人件費は払わなくてもいいけど、家賃が大変。3月分は滞納で、4月分が払えなければ店を閉めないといけない」と言われました。パートさんはひとり親家庭。収入が断たれています。「店はもういい。だけど、せめて、ひとり親家庭の支援だけはしてやって」と、その方は続けました。

ひとり親家庭の収入が断たれると、そのしわ寄せは直接子どもに行きます。子どもがごはんを毎日食べられるだろうか、大丈夫かという懸念に心が痛みました。

もちろんお店も、パートさんも、どちらも放っておくことはできません。こういうときこそ、しっかりと行政が責任を果たすべきです。

いつまでにお金がいるのか聞くと、月末の締め日、つまり4月24日の金曜日でした。

「なんとかします」。

他の商店からも悲鳴を聞いた私は、4月24日を念頭に、スピードを重視した緊急支援をする判断をしました。

困っている市民に手を差し伸べるのが行政の使命・役割

国の支援策がなかなか決まらない中、4月16日にはついに全国に緊急事態宣言が発出されました。同じ日に、私は緊急支援策を実施するため、市の補正予算案を発表。記者会見を行いました。

2020年4月16日の明石市の記者発表資料

〈補正予算のポイント〉

1　感染症対策の徹底

2　市民生活への緊急支援（個人商店、ひとり親家庭など）

3　弱者へのセーフティネット（高齢者・障害者・子どもへの配慮など）

〈3つの緊急支援策〉

1　個人商店に、すぐに100万円

来週中に、賃料2ヶ月分を緊急支援

2　ひとり親家庭に、さらに5万円

5月分の児童扶養手当に上乗せ（約10万円支給）

3　生活にお困りの方に、さらに10万円

生活福祉資金利用者への追加支援

そして、1枚目の資料の最後には、こんな言葉が添えられていました。

困っている市民に
手を差し伸べるのが
行政の使命・役割

発表内容は、私自身が急いで紙に走り書きして、職員に渡したものです。
とにかく事態は急を要していました。職員も休日返上でがんばってもらわないと間に合わない。みんなのやる気を鼓舞する意味でも、最後に「困っている市民に　手を差し伸べるのが　行政の使命・役割」というメッセージを走り書きしました。「市民のために、今こそ行政ががんばるときだ」という強い思いを込めて。

すると、公式の発表資料にも、なんとそのままメッセージが書いてあったのです。当日の会見で、それぞれの施策に込められた思いについて記者から質問を受けた私は、このように答えました。

「少し個人的な思いも入りますが、かねてから自分としては『困っている人の具体的な力になりたい』、そういった思いで子ども時代から過ごしてきました。そういった思いの中で弁護士になり、活動などもしてきました。そういった思いの延長線上で市長になり、今仕事をしているつもりです。今まさに目の前に、明石市内に困っている方が数多くおられます。こういったときにこそ、困っている市民に対して具体的にしっかり手を差し伸べることをしていきたい、そういった思いを込めたつもりです」。

国の支援策は、明石市が緊急対策を発表した4日後にようやく閣議決定され、その後の国会審議を経て、給付の開始は5月以降の見込みでした。

住民に身近な基礎自治体では、目の前に困っている市民がいて、悲鳴が聞こえています。すぐやらなければ市民が路頭に迷います。目の前で溺れている人がいたら、すぐ助けるに決まっています。

国の指示を待っていては、溺れてしまう。私はすぐに具体化に向けて動きました。

市民に近い行政がすみやかに動けば救える

日頃から国や県に思うところはありますが、明石市長としてできることを精一杯やっていくとき。市独自の施策に市の自腹で取りかかりました。

市民生活への明石市独自の緊急支援として、まず始めたのが「個人商店に、すぐに100万円」の支援制度です。「来週中に、賃料2ヶ月分を緊急支援」するために、無利子・無担保による貸付にしました。

スピードを優先して、支給でなく貸付としました。

「え、返さなあかんの?」と思われる方もいるかもしれません。でも貸付のほうが支給よりも、はるかに早いのです。税金からの支給は厳格な審査などもあり、すぐに渡せません。審査に時間がかかれば間に合わない。その間に店はつぶれてしまいます。貸付であれば、いずれ返済されるので対象も広くできるし、すぐにお金を出せるのです。どのお店も本当に苦しく、本当に困っている。ですから業種を限定せず、売上がいくら減ったかも問わず、休業要請とも関係なく、広く対象にする制度にしました。家賃が払えなければ店をたたむしかありません。従業員も路頭に迷います。お店や従業員だけでなく、地元のお店に通う市民や、まちの賑わいのための支援でもあります。

スピードが大事です。

急遽、臨時の市議会を開催していただき、審議を経て4月20日の月曜日に補正予算が可決されました。予定どおり、翌21日の火曜日から受付を開始。初日だけで100件を超える予約が入りました。銀行なども事前に調整。受付した日から1日挟んで、2日後には振り込むルールでやりました。

その結果、24日の金曜日には2日前までに受付を終えた74件、計2413万円を振り込み、市民にお金を届けることが叶いました。

明石市内で家賃が月50万円を超える店は、大手チェーン店くらいです。上限の100万円あれば、地元の市民が借りるお店の家賃2ヶ月分くらいはカバーできます。3月分と4月分さえなんとかすれば、5月には国の支援策の道筋も立ってくるだろう。しかも1年間猶予して、1年後から返済していただくスキームです。返済を猶予している間に国や県からの協力金がくれば、なんとか持ち堪えられるだろうという判断でした。

明石市の財政規模は、それほど大きくはありません。それでも市単独で2億円の融資額を設けて実行。5月末までに延べ585件、1・8億円近くの支援を行いました。明石市が単独で、自腹でなんとか支援を具体化しましたが、国や財政力の豊かな自治体ならもっとできたはずです。そういう意味では、明石市としては精一杯の対応をした認識です。

さらに「ひとり親家庭に、さらに5万円」も同じ4月の補正予算で対応しました。3月には学校の休校などにより、仕事を少し減らさないといけない状況。4月に入ると仕事の場すらなくなっており、日々の収入を断たれている方も出てきていました。悲痛な声を受け、できるだけ早く生活支援をしたいという思いから、5月支給の児童扶養手当に1人5万円を上乗せすることにしました。

その後、国の臨時特別給付金事業が始まり、2ヶ月後の7月から5万円の支給を開始しました。

また「生活にお困りの方に、さらに10万円」は、生活福祉資金への上乗せです。すでに生活福祉資金の貸付が行われており、市内でも10万円を借りられた方もおられました。そういった方はなんとか4月はしのげても、5月はどうなるか。これも補正予算で、さらにもう1回5月分の生活費として10万円を同様の枠組みにて渡すことにしました。

この「緊急生活支援金事業」も、法的には貸付です。支給ではありません。ただスピードを要しますし、対応としてはそのほうがスムーズなのです。とにかく経済的に困難な状況に追い込まれている方への緊急支援として実施しました。同じくこの状況をなんとかしのげば、国からの給付金が間に合うだろうという判断でした。

市民から「預かった」お金に知恵と汗を付加して「戻す」

急速に拡大していく感染に世の中の対応が追いつかず、社会の混乱も広がっていきました。このような状況では、とりわけ社会的弱者に、より大きなしわ寄せが行きがちです。

私は市の対策本部を拡充し、民間の医療福祉関連機関とも連携した「新型コロナウイルス感染症拡大対策本部」に強化、3月から会議を重ねていました。目の前の市民から、さまざまな切実な声が毎日聞こえます。市民の困りごとに、できるだけ迅速に対応する。市独自の支援策もさまざまな分野で拡充を図っていきました。

国はようやく、新型コロナウイルス感染症にともなう緊急経済対策として、国民に一律10万円を給付する「特別定額給付金」を実施。5月1日から給付が始まりました。配布方法は自治体に任せられていたので、明石市では緊急を要する方には、翌2日から市役所で現金手渡しを開始しました。これらを含めた初期の市民生活支援をまとめ、市独自の支援パッケージとして提示したのが、「明石市独自の10の支援策」です。

・学生に　前期分学費（上限100万円）を緊急支援
・個人商店に　家賃2ヶ月分（上限100万円）を緊急支援
・生活困窮者に　特別定額給付金（10万円）を先行支給
・ひとり親家庭に　児童扶養手当（5万円）を上乗せ支給
・子育て世帯に　児童手当（1万円）を上乗せ支給
・未就学児に「絵本の宅配便」
・テイクアウト・デリバリー　こども食堂の実施
・高齢者・障害者サポート利用券　1万円分を交付
・水道基本料金　6ヶ月分を無料に
・市税の納付期限の延長　市・県民税、固定資産税、軽自動車税など

翌6月にも新たな支援策を追加、「明石市独自の15の支援策」に拡大しました。新たに開始した生活支援策は次の5つです。

・中学3年生に　給付型奨学金

・こどもの養育費緊急支援　不払い分を立替え
・生活見守りサポート利用券　５千円分を交付
・３割おトク商品券
・赤ちゃん応援給付金

その後も支援を追加し、10月には「明石市独自の17の支援策」に拡充しました。

・感染対策助成金　飲食店に５万円
・認知症サポート給付金・在宅介護支援金　最大３万円を支給

さらなる支援を重ね、翌年度には「明石市独自の20の支援策」になりました。

・生理用品サポート事業（きんもくせいプロジェクト）
・あかし支え合い基金
・コロナ条例　生活支援、差別禁止

国の指示を待つのではなく、市の判断で、市民の暮らしを全力で支えました。
財源となるのは、市民から前もって預かっているお金です。
その税金に行政が「知恵」と「汗」の付加価値をつけて、市民に戻す。こんなとき
だからこそ、必要な支援をすみやかに行う。目配り気配りが大事です。市民に必要な
ことは、すぐにやるのです。
当時、国からは都道府県や市町村にもテレワークを要請する通達が来ていました。
正直、あきれ返りました。
こんなに市民が苦しんでいるときに、なぜ公務員を在宅勤務にするのか。ありえま
せん。市民が困っている今こそ、公の役割を果たす大事なタイミングです。
密集、密接、密閉の3密を避け、「人との接触を8割削減」という感染対策の方針に
沿って、明石市でも出勤時間に幅を持たせるなどの対応はしました。
それでも「この危機的状況でも、これまでと同じように市民に寄り添う仕事を」と、
いつものように職員たちを鼓舞しました。
市長就任から10年もの間、「市民のために働くのが公務員」と言い続けてきたので、
そこは違和感なく、職員も受け止めてくれたのではないか思います。

「バラマキ」ではなく「見守り」

明石市独自の支援策のうち、5月の補正予算で可決された1つが「高齢者・障害者サポート利用券」の交付です。70才以上の高齢者、障害者手帳をお持ちの方に緊急の生活支援として、地元の飲食店でのデリバリー、タクシーの利用などのサービスが受けられる利用券1万円分を合わせて約8万人に郵送しました。

この支援策には大きく4つの趣旨を込めました。

まずは、高齢者、障害者の方々の日常の生活費の足しにすること。負担軽減による「生計支援」です。

加えて、なかなか外出しづらい状況での食の確保。市内の飲食店と協力して、ご自宅に食を提供していく「食の支援」。

そして、サポート券の郵送に合わせて返信ハガキを入れ、「電話連絡を希望」「家庭訪問を希望」など、困りごとなどについての声をお寄せいただく簡単なアンケートもつけました。できる限り早い段階で困りごとを把握するセーフティネットとして、高齢や障害をお持ちの方の「見守り」要素も付加したということです。金銭的支援だけではなく、幅広い生活全般の支援をしていくのが行政の仕事だとの強い思いもありました。

さらに、市内の飲食店にとっては、開けていてもなかなかお客さんが来ない状況で、デリバリーという手法により一定の支援にもつながる。「地元産業支援」の要素も兼ね備えています。みんなの税金を使うわけですから、より効果的にお金が回るよう、複合的な要素を持たせ、市民が使うお金がしっかり地元に還元される制度にしました。これを高齢者だけ、障害者だけ、商業者だけの個別直接支援にしてしまえば、なかなかお金は回りません。

子ども施策と同じで、まず支援すべきは市民の側。市民が施策のスタートです。市民を通じて商店街など地域経済へと回っていく。コロナ禍でも当然、市民起点で支援を行っていきました。

こうした複数の要素を兼ね備えた総合支援策として、市単独で8億円という大きな規模の緊急支援を実施しました。

その後に7月の補正予算可決で実施した「生活見守りサポート利用券」も、返信ハガキで困りごとなどを把握して、家庭訪問を含めた支援につなげていく制度にしました。

外形的にはすでに実施している高齢者、障害者に対するサポート利用券を半額の5千円にして、非課税世帯などの生活要支援者に、すなわち、その世帯に属するすべての個々人に配りました。

世帯単位ではなく、個々人に対して、しっかりサポート利用券を発行することで、個々人からの困りごとを把握する。世帯を丸ごと1つで見るのではなく、その中の一人ひとりの困りごとに向き合い対応していく趣旨です。

この事業も結果においては、商店街などの地域経済振興にもつながります。それでも市としての主な目的は、特に厳しい層への支援です。

今回のコロナ禍では、特に年収の低い層に大きな打撃が及びました。しんどいのは生活保護の少し手前。まさにその層に、困っている市民にしっかり目配りをしていくのが、生活見守り支援の趣旨です。

実際に、かなりの方から返信が寄せられました。「コロナ禍で出かけられない、マスクがない」と書かれていたら、マスクや日用品を届けました。場合によっては職員が家庭を訪問して支援を行うことにもつながりました。

明石市が行ったのは、単なるバラマキではありません。

「大丈夫ですか?」「ご無事ですか?」「困ったことがあったら言ってくださいね」と

いう思いを施策に込めて、市民一人ひとりに届け、これまで市が行ってきたのと同じ姿勢で、寄り添う支援を行ったのです。

調査してからでは、遅すぎる

行政には「間違いなく」「完璧に」制度設計しなければならないという思い込みが強く刷り込まれています。

たしかに基本的な方向性はそのとおりです。

それでも、コロナ禍は平常時ではありません。緊急時に、溺れかかっている人を目の前に「調査してから」間違いない方法を完璧に検討していれば、市民は溺れてしまいます。そのような非現実的なマネはできないはずです。かたくなに基本順守するのでなく、柔軟な対応こそ求められていたのです。

行政の本来の仕事は制度設計することではありません。まず「市民」を支えることです。

「学生に　前期分学費（上限100万円）を緊急支援」も、まず「困っている市民を助ける」ことを優先して、迅速に始めました。個人商店への家賃の緊急支援と同じ4月の補正予算で対応を始めたのです。

学生本人や親御さんから、「せっかく大学に入ったのにお金の目途が立たなくなった」「なんともならず、あきらめないといけないかも」との声が寄せられました。バイトの需要が相当減っている。親御さんもお金のやりくりに困っている。すでに4月納期で学費未納の人も、5月末までに納期限が迫っている人もいます。待ったなしの状況です。

せっかく入学したのに、コロナのせいで、本人が望まないのに強制的に学生生活をあきらめさせられる。そんな事態を黙って見過ごすことなどできません。明石市内から学校に通う学生に、前期分の学費を肩代わりして、大学に納めることにしました。

スピード優先で5月1日に開始。無利息、保証人不要の貸与制度としました。学生本人への支援なので、親の所得は関係なく、もちろん所得制限はありません。明石市が学校と交渉し、市が直接、大学の口座に振り込む制度です。

5月1日の制度開始時は、要件を「金額の上限50万円」「大学・高専・定時制高校」

「5月末納期の学費」としていました。

ところが、公表するとさっそく「足りない」との声が出てきました。関西の4つの私大「関関同立」に通う学生も多いのですが、前期の学費が文系でも50万円超だったのです。さらに猶予や減免などの手当てが薄い専門学校や通信制高校の学生からも、相談が寄せられました。おまけに多くの大学が納期限を6月末に延長する措置を打ち出したのです。

切羽詰まった声と相談状況を踏まえ、広く救う方向で、すぐに要件を変更することにしました。新たな要件を公表したのは5月12日。迷うことなく、わずか10日ほどで変更しました。金額の上限を60万円に引き上げ、対象には専門学校・通信制高校に大学院も加えました。納期も6月末分までを対象としたのです。

すると薬学部、看護学部に通う学生からも声が上がりました。

実習費などを合わせると前期分だけで80~90万円台になり、またしても「足りない」との相談です。加えて、さらに納期限の延長がなされた学校も出てきて、6月末までの納期限だと対象外になる学生が増え、相談者の半数近くにもなりました。

医療従事者を志す学生が道半ばで中退を余儀なくされることは、社会的にも望ましくありません。志がある若者をみんなでしっかり支援するときです。不本意な退学を防ぐためにも、再度の要件変更をする判断をしました。2回目の変更を発表したのは5月19日、1週間後に再度の要件変更です。まず上限額を100万円に引き上げました。

そうなると当初の予算5千万円では財源が厳しくなります。6月補正予算でさらに5千万円を追加で確保。補正予算が議会を通った後、7月以降に納期限を迎える学生も受付することにしたのです。

そもそも通常の役所なら、少数の事例を見て施策に移すこと自体、あまり例がないかもしれません。まずは全数調査して、分析し、案を練ってから、さまざまな工程を経るでしょう。

でも、支援が必要な人が目の前にいるのに、準備して調査しているようでは、とても間に合いません。役所が事務手続きに時間をかけている間に退学です。国が動かなくても、市民ニーズに応じて柔軟に動くときです。

一旦決めた要件を何度も変えるのも、一貫性がないと行政は嫌がるでしょう。けれども、本当に必要なのは目の前の困っている市民の支援です。ましてやコロナ禍での緊急支援ですから、市民の生のニーズに合わせてスピードある柔軟な対応をすることこそが、本来の目的に適っています。

かたくなに、法や規則のほうに市民を合わせることを強いるのは間違いです。ありえません。当事者である市民のニーズに、法が合わせるのがあたりまえ。ルールを変えればいいだけです。それこそが制度を設置した本来の趣旨目的にかなうこと。現状に合わせて制度を変えていけば、広く人が救われるのです。

切実な当事者の声が集まれば、より具体的な課題が見つかります。金額も対象も、枠組みそのものも、より望ましい形に躊躇せずに変えていく。

基本の考えは、子ども施策と同じです。冷たい社会を、市民に寄り添うやさしい社会に変えていけばいいのです。

15の春をあきらめない社会に

困っているのは大学生ばかりではありません。高校への進学にも谷間が存在し、そこにしっかりと光を当てることが急務でした。

子ども自身が自分でお金を出せない以上、親に出してもらえないと道が絶たれます。入学金の数十万円は、中学生の子ども自身が簡単に賄える額ではありません。子どもの希望を叶える、進学の機会を保障するため、市独自で高校進学への給付型奨学金の制度を新たに設けることにしました。

明石市がお金を出すから「大丈夫」というメッセージを伝え、早い段階であきらめずにがんばってもらいたい。本来これも国がすべきことですが、14才くらいで自分の人生をあきらめさせられるのを黙って見過ごすことなどできません。国がしなくても、明石市は子どもを応援する。これまでと同じスタンスです。

支援の特徴は、子ども一人ひとりへの個別・継続支援であることです。返済不要の奨学金だけでなく、学習生活サポートも組み合わせた総合支援として開始しました。まず、入学準備金として一括で30万円を必要なときまでに給付。進学後も在学時支援金として、毎月1万円を卒業まで3年間給付します。さらに入学前には、高校入試に向けた学習支援を週2回行い、進路や生活面の相談にも応じています。進学時だけでなく、入学後にも学校生活支援として専門の相談員を配置し、継続的にサポートを行っています。

継続して毎月関わりを持ち続け、孤立化を防ぎ、本人が望まないのに不本位な中退に至ることのないよう、在学中もしっかり子どもを応援する体制にしています。

２０２０年の時点では、貸付制度利用者が10名ほど、他団体などの制度利用者が10名ほど。コロナ禍の状況を考慮して、上乗せした定員30名で募集を開始しましたが、応募者は１２１名にもなりました。

私自身も全員の詳細資料を確認しましたが、事情がある家庭が多く、そのしわ寄せが結局子どもにいきかねない状況です。とても絞り切れず、広く救う方向で市議会とも相談し、予算を増やして枠を拡大しました。結局１１０名への支援が実現しました。

こうした状況を踏まえ、翌２０２１年は定員１００名で募集を開始しましたが、応募はさらに増え２２２名に。この年もさらに奨学生の枠を拡大し、２００名を支援することにしました。いまだに終息する気配のないコロナ禍もあり、極めてニーズが高いテーマです。２０２２年は定員２００名で募集し、２２０名を支援しています。

私は市長になる前からこのテーマに関わり、実際にかなりの人数が困っていることを目の当たりにしてきました。コロナ禍の状況では、子どもも親もさらに厳しい状況に置かれています。

こんな社会状況でつらい思いをしているのは、明石の子どもだけではないはずです。子どもを応援する気運が全国で高まるよう、強く願っています。

なぜ明石市は迅速に動けたのか？

未曾有のコロナ禍。多くの自治体や国が手をこまねく中、「なぜ明石市は、こんなにも迅速に動けたのか」と、たびたび聞かれました。

特別なことをしたつもりはありません。コロナ禍でも普段と同じ姿勢で臨みました。市民のほうを見て、市民に寄り添う行政運営を心がけてきただけです。

市長自ら市民の声を直接聞いて、国を待つことなく方針を決定する。緊急時ですから、市の貯金を崩しても市民を支援する予算を編成する。緊急支援に重点を置き、適時適材適所の柔軟な人事を行う。よりスピードを重視したものの、どれも今までと同じスタンスです。

誰もが予想しなかった事態です。

何をするか。

当然、マニュアルは存在しません。模範解答もありません。過去問を解く発想では行き詰まります。前例主義の古い役所の考え方にこだわっていては、動けない。多くの行政機関で右往左往するのも頷けます。

何をすべきか。

答えは「まち」にあります。やるべきこと、答えは市民の顔に書いてあります。目の前の困っている市民の声を聞けば、何が必要かも把握できます。市民ニーズに沿って動けばいいだけのことです。

現場から遠い国では、各地域の実情はつかみづらいでしょう。緊急時のみならず、個別多様な支援は住民に身近な市区町村こそが適しています。あとは市長が慣習や前例にとらわれず、自分のまちに適した方針を決断するだけのことです。

ただ、どんな支援も人とお金がないとできません。思い切った決断をしないと回りません。これまで絞り込んできた通常の施策をさらに「延期する」判断もしなければなりませんでした。

私は市長の持つ方針決定権を行使し、市の基本計画である長期総合計画などの行政計画や啓発事業などを先送りすることを決めました。

予算の確保も難しい話ではありません。市民がみんな困っているのです。緊急時の支援をすることに反対の立場を表明するなど、まずありえません。反対するようなら、そのまちの議会は絶対に市民のほうを向いていません。本来もっとも支援に理解が得やすいのが、災害時なのです。

明石市議会でも、全会一致で補正予算を通していただきました。

通常なら3月議会の次は6月議会です。コロナ禍が始まった2020年はこれらに加えて、4月も、5月も、7月も臨時市議会を開いてもらいました。毎月のように新たな施策を実施するための補正予算を通してもらっていたのです。

財源を心配する声もありましたが、そのとき伝えた言葉は、子ども施策を進めたときと同じでした。

「心配しなくていい。国がやり始めるまでの辛抱。お金はまた返ってくる」。

自主財源として、市長就任以降に積み増した基金の存在も役立ちました。

阪神・淡路大震災の起きた1995年に174億あった市の基金はどんどん目減りし、就任時には70億円に激減していました。これ以上は崩さない。漫然と行政運営をすることなく、事業を抜本的に見直し、かなりのやりくりを重ね、毎年積み増しできる黒字基調に転換していたのです。

コロナ前には115億円まで45億積み増していました。こんなときだからこそ、市民のために使う。必要なときのための基金です。腹をくくり、「積み増した45億は取り崩してもいい」と決意しました。

国をあてにして待つことなく、悲鳴を上げている市民のために、身近な自治体がコロナ対策をしていく。他の自治体がなかなか動こうとしない中、あれもこれも自腹でやると決断し、先行して次々と施策を実施していきました。

それでもその後、国が遅ればせながら自治体への支援を打ち出し、明石市が自腹で実施したコロナ施策は次々に国の支援対象になっていきました。結果、市の基金から45億円が減ることはなく、増加基調を続けることができたおかげで6億円の積み増しとなりました。

お金とともに必要なのが人の確保です。

緊急対策では特に動ける体制をつくることが急務になります。

明石市では、年1回の大きな定期異動だけでなく、必要に応じて合間に何度も人事異動するのをあたりまえのこととして続けてきていました。感染が広がり市の保健所が逼迫したときには、副市長2人にも、保健所へ移って対応してもらいました。現場の状況をつぶさに把握し、リアルタイムで適切な指揮を執ってもらったのです。1週間ごとに辞令を出していたのはこのころです。

市には医療に関する権限がなく、とてももどかしい思いをしました。それでも、できうる限り全力で責任を果たすとの思いで感染対策にも力を注ぎ、保健所の担当職員を当初の5倍増にして対応をしました。

生活支援策の「個人商店に100万円」をすばやく実行できた背景にも、すみやかな人員配置がありました。人の確保ができていたので、議会で補正予算が成立しておカネの確保ができた翌日から、支援金の受付を開始し、すぐに振り込むことができたのです。

重ねた人事異動の回数は、2020年度は19回。翌年度は27回になりました。刻々と状況が変わるなかで、柔軟に対応してきた結果です。

もうすっかり職員も慣れたものです。すんなりと対応してくれました。いまさら驚きなどありません。むしろ、市長が方針だけ出してもダメで、人事異動がともなわないと苦労することは、現場のほうがよくわかっています。

これまでも時々、「子ども施策ばかりで、何かを犠牲にしている」と言われることがありました。

「高齢者いじめ」「産業振興を疎かにしている」。

すべて勘違いです。

コロナ禍の10年前からずっと、市民のほうを向いて、寄り添う施策をあたりまえのこととして積み重ねてきたからこそ、明石市は同じスタンスで緊急時も市民に寄り添う対応ができたのです。

国の役割、市区町村の役割

誰もがコロナ禍の当事者にされ、社会生活に不便を強いられる中、「困っているのに、声が全然届かない」と実感させられたのではないかと察します。

その原因は、明らかです。

政府も、国会議員も、官僚も、霞ヶ関も、国の政治は、私たちの普段の生活からはあまりにも「遠すぎる」のです。

政治にたずさわる者として、また明石市長としても、私がまず見るのは市民です。当然、国でも県でもなく、横並びの自治体でもなく、もちろん業界団体でもありません。市民の顔を見て、声に耳を傾けていれば、一般市民の生活実感からかけ離れた「お肉券」や「お魚券」を国民への最初の支援策にはできません。国が一般市民の生活をしっかり見ていれば、時期外れの「GoToトラベル」や「GoToイート」を始められるはずがないのです。

普段からどちらを向いて仕事をしているか。別の思惑が働くから、多くの国民が苦しむ緊急時ですら、ピントがズレてしまうのではないでしょうか。

コロナ禍では、国ではなく、市民に一番近い市区町村こそが、より的確に、より早く、より誠実に、市民のニーズに沿った施策を打ち出すことができました。

それはある意味、あたりまえのことです。

国からは、遠くて国民が見えていない。おまけに地域によって事情はさまざまです。現場に応じた個別支援は、地元の基礎自治体、市区町村に任せるほうが現実的です。

感染対策1つとっても、散々言われていました。「なぜ都会の感染状況に合わせて、陽性者がほとんどいない田舎まで自粛しなければならないのか」と。これは、国から都道府県へ、都道府県から市区町村へ、権限と責任の移譲がうまくできていないから起こることです。

全国一律のベーシックな支援は、国が実施すればいい。地域の特性や個人の事情に応じた「個別支援」こそ、市区町村の本来の役割です。本来、国は明石市がやっている「5つの無料化」のような「継続支援」を安定的に担い、市区町村がコロナ禍のような「緊急時」の現金給付などを地域の実情に応じて適宜実施することが、理にかなっています。

その権限と財源を地方に移譲すればいいだけです。

それなのに国は本来の役割を果たさず、一時的な現金給付施策ばかり重ねてきました。おまけに妙な要件を課して、子育て世帯への給付金にしても本当に必要な層に届かなくても放置しています。救うべき人を救わず、誰ひとり取り残さない理念にもそぐわない残念な対応です。

さらに言うと本来、外交や安全保障などは国が担い、内政は基本的に地方が担うのが合理的です。観光、経済政策は広域で対応。福祉や健康、地域の安全、生活支援、つまり市民の生活に寄り添う部分は、市区町村のテーマです。役割分担が曖昧なままでは、地域も自主性を発揮できません。

実際に、明石市が全国初で開始した養育費の立替え、犯罪被害者支援・更生支援、ファミリーシップ制度など、多様な分野での施策が次々と全国各地に広がっています。

明石市の政策とその効果に大きな注目が集まり、「明石市の子ども施策を参考にしたい」「国会でも説明してほしい」と、2019年には衆議院、2022年には参議院に呼ばれました。2019年は全国で9年ぶりに児童相談所を開設したいきさつや児童虐待に関すること、2022年はこども家庭庁創設に関することが主なテーマです。尋問などではありません。子ども政策について意見を述べ、国会議員に説明したのです。特に参議院での発言の様子はネット動画で大きな反響を呼び、明石市の子ども施策と、その効果を全国に広げるさらなる契機になりました。

冷たい社会を、国を変えるには、まず政治を変えていかなければなりません。本当に市民のほうを向いて、市民に寄り添う政治をする人を選べば、社会は変えていけると私は信じています。身近な選挙がその機会です。私たちは選ぶことができる。立候補することもできるのです。でも、投票すらしなければ、最初の声さえ政治に届くことはありません。

「泉市長が国政に出たら日本は変わります」
とのお言葉ですが、私が国会議員の1人になったところで、
できることは限られているのではないでしょうか
(いきなり総理になれるなら別ですが)。
むしろ市長として、成功事例を
いくつも積み重ねていくことのほうが、
自分の役割だし、効果もあると思っています。

6章

望ましい政治に変えるために私たちは何をすればいいのか？

あなたの声は、ちゃんと政治を変えている

明石のまちを変えていくことができたのは、2011年の市長選で明石市民が行った「選択」があったからです。2度目の2015年の選挙でも、不祥事で辞職した後の2019年の出直し選挙でも、市民が私を市長に選んでくれたからこそ、市民のための政治を行うことができました。

旧来の冷たい政治よりも、市民のためのやさしい政治を。

市民一人ひとりの願いと、選択。まさに投票に行くという大事な決断こそが、明石のまちと市民の暮らしをより良い方向へと変え、やさしいまちの実現へとつなげたのです。

なんとなく、権力＝悪という感覚で、マスコミは権力批判、政治家批判こそが任務と言わんばかりの報道を続けています。肝心な政策の中身よりも、政治家の言動ばかりが注目されがちです。揚げ足をとるような話題が大きく報道され、もはや政治の

ニュースなのか、芸能人扱いのゴシップなのかわかりません。政治の本筋から国民を遠ざけようとしているのでは。そうとしか思えない姿勢です。

いかにもそれらしく合の手を入れる学者やコメンテーターを見聞きすると、「さっさと立候補してその賢い頭をみんなのために使え」と言いたくなります。評論家がもっともらしく語っても、その話を私たちが100回聞いても、暮らしは良くなりません。世論に語りかける暇があるなら、世の中の人のためにその能力を使うことだってできるのです。

ただ、そんなマスコミの政治批判の一環で、しばしば一般市民の発言、SNSの話題が取り上げられることがあります。

2016年には「保育園落ちた日本死ね」という匿名のブログが大きな話題になりました。この投稿がきっかけとなり、待機児童問題が顕在化し、国会で審議されるようになり、全国で対策がとられていきました。

たった1人の一般市民の投稿が、社会を変えた。実際の影響が全国に及び、現実の社会で政治を動かしていったのです。

私たち一人ひとりに、政治を動かす力があります。あなたも冷たい社会を変える力を持っています。

いわゆる「市民活動」や「政治参加」を大げさに考える必要はありません。簡単なことです。ツイッター、ブログ、何でもいい。まず自らが声を上げる。その言葉が伝わり、世の中を変える。より良い社会へと変革を起こせます。それが、今からでもあなたができる社会の変え方。あなたはそれをすでに手にしています。スマートフォンからつぶやくだけでも、政治への大きな1歩となっていくのです。

コロナ禍の最中、2022年の春に突然、「国が年金生活者に5000円を臨時給付」というニュースが流れたことがありました。言うまでもなく、夏の参院選を前にした高齢者層へのバラマキです。

こんなしょぼい一時金が選挙対策に有効と思われている。情けない限りです。私もツイッターで批判し、他にも多くの人々から反対の声が挙がりました。

SNSが広がる前の時代なら、こんな恥ずかしい施策でもそのまま強行されていたかもしれません。でも、もう今は全国各地の国民のリアルな反応がすぐに可視化される時代です。筋の悪い案に対する多くの批判が渦巻き、世論の強い反発に、政府・与党はわずか10日ほどで白紙撤回に追い込まれました。

口を開けば政治家、学者、マスコミは「金がない」「仕方がない」と、私たちをあきらめさせようとしてきます。「どうせ何を言っても変わらない」。そんなマスメディアを駆使したネガティブキャンペーンに騙されてはいけません。

政治を変えることは、決して無理なことなんかではない。政治は変えられるし、変わります。


SNS以外にも政治行政に直接意思表示する方法もあります。

国でも自治体でも、新しい政策の検討過程で「パブリックコメント」を募集することが多くなってきました。広く市民に意見を聞くための公式の制度です。郵送やメールで意見を役所に直接送ることができます。

「そんなの本当に見るの？」「出しても変わらないでしょ」

政治に期待していない方は、そう思うかもしれません。でも実際に、きっちりと読んでいます。ここは役所の良いところ。真面目に全件受理し、届いた意見は全部読み、回答も公表します。意見を反映して、計画や条例の内容などが実際に修正されることもあるのです。

さらに住民の代表である地方議員、国会議員を使う手段もあります。議員に意見を伝え、議会で質問してもらう。署名を集めて陳情する。請願を提出する。政治を動かす方法は、実はたくさんあるのです。

選挙のとき、候補者に公開質問状を出すこともできます。1人で勇気が出ないなら、同じような意見を持つ周りの人にも声をかけ、複数の声を束ね、みんなで声を上げればいいのです。

すぐに変わることばかりではありません。それでも政治に何も言わずにいたら、もっと状況は悪くなる。黙ってそんな事態を受け入れる覚悟をするか、あなたが声を挙げるか。政治から目を背けていては、何も変わりません。

まずは市区町村から変えていく

まちづくりは、市区町村のトップである首長の政治姿勢に大きく左右されます。自治体の首長は「独任制」。ある意味、大統領のようなものです。そのまちの制度やしくみを直接変えることができる、大きな権限を持っています。

同じく市民に選ばれるとはいっても、国会議員は大勢いる中の1人となってしまいます。ですから、できることも限られます。よくいろんな方から「次は国政へ」「国会議員に立候補を」と熱心に声をかけられますが、両方を経験した立場からすると、市長のほうがスピード感を持って実際にやれることが多い。つくづくそう実感しています。

大統領制のアメリカや韓国では、良くも悪くもトップが変わると社会がガラリと変わります。でも、日本は議員内閣制です。トップの総理大臣を選ぶのは、国民ではなく国会議員です。だから総理大臣は国民ではなく、国会議員のほうを向いて動きがちです。

一方で、首長は住民から直接選ばれ、本来有している権限を適正に執行できれば、自分たちのまちをより良く、大きく変えることができます。そういう意味で、市長は大統領のように大きな影響を与える政策を実行することができるのです。

日本の議員内閣制のもとでは、良くも悪くも政治は安定的になってしまいます。大きな変化を望むのは難しい枠組みです。新たな政策を実現しようとしても、まずは多数派工作が待っています。とにかく賛同者を増やさなければ話になりません。でも、「正しいから」「良いことだから」と賛成してもらえるほど、単純には事は運べません。

現実は、与野党の攻防、党内の派閥争い、さらには業界団体などの意向に加え、過去の経緯なども含め一筋縄ではいかない事情が複雑に絡み合い、横やりが入り、利害調整に無駄な時間と不毛な労力を割くことになります。総理大臣だけは、その気になればかなりのことができるはずですが、そこにたどり着くには、はるか遠い道のりです。しかし国とは違い、自治体のトップは自らさまざまなことができるポジションです。加えて、ある政策のニーズが高ければ、そして、そのまちの住民が動けば、全国どこのまちでもその政策を実現することができます。

私はこれまでも機会あるごとに声を大にして、そう言い続けてきました。

「誰がやっても同じ」はウソ

「政治なんて誰がやっても同じ」と考えるのは、大きな間違いです。誰を選ぶか。市民一人ひとり、あなたの選択が、政治を良い方向にも、悪い方向にも変えていきます。

政党から出ないと勝てないと思い込み、政党に依拠して当選した政治家に、市民のほうを向いた政治ができるはずがありません。選挙のときは威勢のいいことを並べ立てても、当選してしまえば特定政党に寄りかかった方針にならざるをえないのです。政党や団体の応援があれば選挙に勝てる。そんなパターンを覆した選挙こそ、明石市の市長選でした。

私は、どの政党の応援もなく、どの業界団体の応援もなく、2011年、2015年、2019年3月と4月、4度の市長選挙を勝ち続けてきました。

大事なのは「市民」。見るべきは「市民」。支持母体は「市民」。

いつまでも政党や企業、団体に頼る選挙をしているようでは、冷たい社会は変わりません。選挙の段階から、私たちの未来につながる政治は始まっています。

暮らしに直結する政治から目を逸らさず、チェックする。私たち市民のほうを向かなければ勝てない選挙にする。そして、私たち市民のための政治をする人を選ぶ。身近な地方選が変わっていけば、国政選挙も必ず変わっていきます。

誰がやっても同じだなんて、そんなことはありません。大事なのは、行動することです。

民主主義の選挙は、有名人も、金持ちも、貧乏人も、みんな平等。みんなが同じ1票を持っています。実に美しい制度です。もし投票にも行かず、誰かが社会を良くしてくれるなどと甘い思いを抱いて過ごしているなら、甘過ぎるにも程があります。そんな日など、永遠にやってきません。あなたが動かなければ、社会が変わることなんて起こりえないのです。

「ポスターの中から選ぶだけ」はもうやめましょう

「選挙に行けと言われても、投票したい人なんていない」。

よく聞く言葉です。

そもそも立候補している人たちをよく知らない。地方選ならまだしも、国政だと投票所でたくさんの名前を目にして、「この人、誰?」という反応になってしまう。ニュースで国の政治や政治家の名前を見聞きしても、「自分ごと」だなんて到底思えない。別の世界の出来事であり、政治が身近にあるとは実感できようもない。政治が国民のほうを向いて行われていないし、政治家も国民から遠いところにいる。それが日本の残念な現状です。

そんな現状では、誰も選ぶ人がいない。そんなふうに考えても不思議ではありません。

でも、自分が選ばなくても、誰かが当選して政治を担うのです。

投票しないこと、それはあなたや家族の人生を「成り行きに任せること」にしたのと同じようなものです。

私たちは選べる。政治に参加する権利があります。

その気になれば、立候補することだってできます。

もし選ぶ人がいないなら、あなた自身が立候補すればいい。自らが立ち上がり、あなたのポスターを掲示版に貼り、市民のためにより良いまちにしていく。一定の年齢以上であれば、誰でも立候補できるのです。試験もないし、資格も必要ない。必要なのは「志」です。自分や周りの人たちの生活を良くしたい。すなわち、今の冷たい社会を良い方向に変えるという強い気持ちです。

まちを良くしたいという強い志と「語る言葉」があればできることです。それが政治家に一番必要なもの。闘う要件はすでに備わっているのです。

我がまちを自らの手で、より良く変えていくことができる。あなたは自分たちのまちを自分たちで幸せにしていいのです。あきらめてはいけません。

こんな冷たい社会がイヤなら、首長に立候補すればいい。とりわけ地方の選挙は風向きが変わってきています。全国各地で、政党や業界団体の支持を受けていない、無所属の候補者が「市民の支持」を受けて当選しています。

あなた自身が立候補しないなら別の方法として、信じられる人を探して、担ぐこともできるはずです。そんな人はすぐには見つからないかもしれない。それでもベターな選択肢を自分たちでつくるその過程も、まちを変えていくことにつながります。

東京から明石に戻ってきたとき、私もまた、たくさんの友人、知人から声をかけられました。「市長になるんやったら応援するで」。多くの温かい気持ちをいただきました。一般市民が応援できる、市民のほうを向いた政治家を増やしていく。そのことが政治を変え、冷たい社会を変える力になる。全部つながっていくのです。

フランス、イギリス、アメリカ……多くの国が市民革命を起こして、市民が自らの手で民主主義を勝ち取ってきました。

日本は1度も民衆が社会を勝ち取っていない、世界でも珍しい国です。市民が自分たちの手で社会を変えられると思っていない。世間話で政治というテーマに触れるのをタブー視しがち。政治の現場にいる者から見ると、「社会は自分ではない他の誰かがつくるもの」だと思う傾向が強いと感じています。

スウェーデンの中学校には「私たちの社会」という副読本があり、国民の権利や義務、コミュニティにおける行政と市民の役割などを教えています。「社会は自らつくるもの」という意識が強く、富裕層向けの減税策が発表されると、格差拡大につながるとして反対デモが起こります。

私は子どものころからずっと、社会は理不尽で変えるべきもの、変えるのは自分だと強い思いを抱き続けてきました。政治をタブー扱いして、声を上げることもせず、行動を起こさなければ、気づいたときにはもう茹でガエル。国民を見ようともしない政治家の思うツボです。

投票にも行かず、立候補もせず、候補者も見つけようとしない。

そんなことを続けていては、冷たい社会はちっとも変わらず、私たちの生活はますます悪くなります。そうなってからでは遅すぎます。

「お上意識」を消し去る

「社会を変える」と、子どものころから強く強く思い続けてきた私は、「3つの発想の転換」を掲げ、改革を広めてきたつもりです。

「上から」「一律」「これまでどおり」の時代は、もうとっくの昔に終わりました。現実を受け入れられない人たちに政治行政を任せてはいけません。「市民目線」で「地方ごと」に「新しい政治」に挑戦するのがあたりまえの時代です。

どこかで無意識に古い時代の考えを踏襲してしまっているなら、今すぐそんな発想から脱却すべきです。政治家も、役人も、あきらめている市民も、今すぐに考えを改めるべきです、今の日本には間違った「思い込み」があまりにも多過ぎる。そう思えてなりません。

いまだに国が一番上で、次に都道府県、その次が市区町村。最後に置かれるのが市民。「お上」のもとに「下々の人」がいる。時代劇の世界でもないのに、そんなふうに大きな勘違いをして、社会を治める側が偉いかのような気でいる残念な人たち。そんな迷惑な人たちが、政治行政の現場には溢れかえっています。

大きな権力や巨額の資金に近いポジションにいても、たとえそれを差配できるとしても、それは市民から託されたもの。市民のための力であり、市民のお金です。それなのに愚かにも自分が「お上」だと思い込んでいる。そんな人のものではありません。

お上があって、人は二の次だなんて、勘違いにも程があります。順序が違うし、「組織が上」で「人を下」に置くような発想が、根本的に間違っています。

いまだに昔のお代官とその一味を演じているような、笑えない振る舞いをする政治家や役人たちがいる。「お上意識」が蔓延し、代々引き継がれる組織がある。支配する側だから好き放題と言わんばかりの態度で、市民のほうを見ようともしない傲慢な意識でいる。そんなしくみのもとで進められてきたから、「冷たい社会」が制度化され、今も続いているのです。

最初に優先されるのは当然、中心にいる市民です。

市民に一番近いのは市区町村、その次が都道府県で、もっとも遠いのが国です。すなわち基礎自治体こそが、日頃から市民の顔を見て、市民の声を身近に聞くことができる。遠く離れた国が動き出すまで首を長くして待つのではなく、市区町村こそがリーダーシップを発揮できるのです。

トップの役割は極めて重要です。「地方の時代」と言われ数十年が経ちましたが、いまだに国が上で地方が下などと間違った思い込みで動く人が、後を絶ちません。情けない限りです。

自治意識を尊重すべき時代になっているのに、お上に物申すことがタブー視された古い身分社会の時代の感覚をいまだに多くの日本人が引きずっているようにも思います。

私たちが声を上げることは、禁じられてなんかいないのです。

じっと黙って耐えようとせず、私たちから動いていい。上からの態度をとる行政目線にひるむことなく、私たち市民から。あなたのまちから、政治や行政は動かせます。

日本の狭い範囲でしか通用しない常識とされていること、間違ったあたりまえを疑う。視野を世界に広げ、思い込みから脱却する。私たちの声で、もっと期待できる体制に変えていけばいいのです。

「横並び意識」を変える

とりわけ行政組織には「お上意識」が蔓延し、時代錯誤の階層意識が根深く残っています。あいもかわらず、媚びへつらう意識が露骨に見え隠れする「縦社会」です。そのうえ組織の内部体制は、市民不在の冷たい縦割り行政。

外に目を向けたと思えば、ひたすら他のまちとの「横並び」だけを気にしています。全国一律、必ず他と同じであるべきだという古く誤った思い込みは、今の私たちの社会の現状を無視しています。

そんな考えは、地域の衰退を加速させます。もはや単なる迷惑というレベルを超えて、実害を及ぼします。「他のまちより悪いと言われたくない」。そんな政治家や役人のメンツのために施策をすることなど、ありえません。

市民のニーズやまちの特性を無視した形式的な横並び主義には、何の価値もない。無意味どころか有害です。私たちの社会の多様性を否定し、地域の可能性を阻害し、まちの未来を閉ざしています。市民のために政治行政はあるのです。決して役所や、政治家の自慢のためではありません。

他のまちと同じ、なんて場所は全国どこにもありません。全国各地、すべての市区町村が、となりと同じ我がまちではないのです。地域特性も市民のニーズも違っているのがあたりまえです。

もちろん全国一律の基準が合理的な政策、通貨や道路やベーシックな社会福祉は、国基準で行えばいい。むしろそうすべきです。

私もベーシックな子ども施策、明石市ではじめたような「5つの無料化」などは、国の施策として全国ですべきだと、強く進言し続けてきました。

そのうえで、地元の特性に応じて我がまちで判断し、それぞれが我がまちに相応しい独自施策を実行する。我がまち自らの責任において、それこそ首長の責任で、自分たちのまちに必要な施策を実施すればいいのです。そのほうが、窮屈な思いをして自分たちのまちに不要な一律施策を適用してしまうよりも、よっぽど合理的です。たとえそれがとなりや他のまちと違っていようが、かまいません。

他のまちが実施していないから、自分たちのまちもしない。必要があってもしない、できないなんて、それは政治行政がとるべき態度ではありません。

そこに我がまちのニーズがあるなら、公を担う者が叶える。それが使命であり、責務のはずです。

国は自治体にもっと権限と財源を委譲するべきだ。私は機会あるごとに、そう強く主張し続けています。

もっとも私の場合は、「応援してください」という少し違ったトーンで中央省庁に働きかけてきました。

明石市独自で全国初のモデルケースになる政策を具体化する。邪魔しないでほしい。

たとえ国がお金を出さなくても、余計な口出しをしないでほしい。

そうすれば、明石市が自腹でもやり切る。全国のモデルとなるひな型をつくる。

その代わり国には、明石が始めたグローバルスタンダードの施策を全国の自治体ができるよう、責任を持って全国に広げてほしい。できれば国で安定的、継続的に実施してほしい。そう言い続けてきました。

「前例主義」からの脱却

社会の現状に思うところがあっても、ついなんとなくやり過ごしてはいないでしょうか。自分の暮らしに不満を抱いていても、「どうせこのまま変わらないだろう」とあきらめてはいないでしょうか。

声を上げられない、声が届かないようなことも、私自身たくさん見聞きしてきました。ですが、今ある社会を動かしているしくみや制度が、必ずしも私たちの時代に適しているとは限りません。私は今の社会がいいなんて思ったことはありません。今の法律や制度が正しいだなんて、妄信です。

古い時代に定められた内容のままで、見直されることなく漫然と続けられた慣習があります。現代の市民生活と齟齬をきたしていても、以前から放置されてきた悪習もあります。そんな現状でも政治行政は、あらゆる場面でかたくなに前例踏襲を続けがちです。お役所文化の弊害はさまざまな場面で、今なお私たちに悪影響を及ぼしているのです。

昨日と同じ明日なんてめぐってはきません。いつまでも昭和や平成のスタイルが通用するわけではありません。それなのに、人に寄り添う発想でなく、無謀にも実態に合わない規則に市民を合わせようと、規則を守ることを最初に考えるのです。

このような冷たい事務的な発想は、私が子どものころから実感させられてきました。今もそんな風潮がここかしこに残っています。そんな根本的に間違った理不尽な姿勢に、何度つらい思いをさせられたことか。今も激しく憤りを感じています。

明らかなことです。大事にすべきは規則より「人」。そうに決まっています。

市民から遠いところで生きている人たちには実感がないのかもしれませんが、法律や制度は「市民のため」にあるのです。市民を守るための存在です。

市民を生きづらくする法律や制度があるなら、法律や制度のほうを変える。それがあたりまえです。ルールがあるから困っても仕方がないのではありません。法律や制度は、しょせんは昔の決め事。今、目の前で市民が困っているなら、躊躇することなく変えればいいのです。

ここでも「発想の転換」が必要です。

公の役割を果たし、全力で責務を全うする。とりわけ政治家には、新しい社会を創り出す責務があります。これまでどおりの発想にしがみつくことなく、時代状況に即して、スピード感をもって、臨機応変に対応する。政治の世界こそ、いち早く前例主義から脱却して「新しい政治」を行えるよう転換を図っていく。そんなあたりまえの姿勢が欠かせないはずです。私たちで政治を変えていかなければなりません。

選挙はすでに変わりつつある

少なくともいくつかのまちではすでに、変化の兆しが見えはじめました。

近年の選挙では、全国各地で「子ども」が大きなテーマに掲げられるようになってきたのです。子ども医療費の無償化、学校の給食費無償化などを選挙公約に掲げ、候補者同士で競う状況にもなっています。その結果、選挙後に待望の「子ども施策」が実現し始めているまちもあります。

最近のある市長選では、候補者全員が明石市のような子ども施策を掲げ競っていました。これまでかたくなに「予算がない」「明石市長はあのキャラだから」などと言われ、見向きもされなかった子ども施策が、実現可能な施策として公約にまで掲げられ、明石以外の他のまちでも実際に広がってきたのです。

子ども施策、つまり市民のほうを向いた政策が公約になった理由は、そのほうが「選挙に勝てる」からです。

市民の経済的負担が増え、子育て環境はますます厳しくなり、急速に少子化が進み、さらには虐待やネグレクトの問題も顕在化する時代です。

切実な声はもはや、政治家が無視できない。そんな時代になりました。私が最初に市長選挙に立候補した２０１１年とは隔世の感があります。ようやく世間の風向きも変わってきたと感じています。

本当はできるのに、できないと言われ続けてきました。それでも私はあきらめることなく「本気になれば、どこのまちでも、国でもできる」と訴え続けました。それがようやく証明され始めました。

トップの決断で予算配分は変えることができる。寄り添う体制をつくることもできる。もはや日本は衰退する一方だなんて、私たちの将来を悲観することはありません。冷たい社会を変えようとする政治家を選べばよいのです。

トップが動けば、まちは変わる。本当に市民のために責務を果たす人を私たちが選べば、子どもや子育て層だけでなく、まちのみんなが幸せになっていく。まちも住民の暮らしも、実際に良い方向へと変えていけるのです。

明石市は選挙でまちを変えました。そんな明石の軌跡を人々が知るようになり、世の中も無視できなくなったのではと感じています。少しは私の辛口トークも役には立ったのかもしれません。

明石市の近隣自治体で若干の広がりをみせてきた子ども医療費の無料化は、全国でも広がっています。

２０２３年からは、東京の23区も、所得制限なしで高校生までの無料化を始めることになりました。これで間違いなく周辺の自治体、多摩地区や千葉、埼玉、神奈川も追いかけてくるでしょう。首都圏でオセロが一気にひっくり返るのが見えてきました。国も間もなく動かざるを得なくなるのではと期待しています。

国の施策になれば、他の地域でも状況は改善します。明石でも市独自の負担が減り、浮いたお金でもっと先に行くことができます。

私たちがはっきりと意思表示すれば、私たちの暮らしは変わることが証明されつつあります。私たちのための政治に変わり、やさしいまちに変わっていくのです。

住むところを「施策」で選ぶ

家族で住むところ、我が子のふるさとになるまちを、自治体で行われる「施策」を重視して選ぶ。そんな時代にもなりました。とりわけ魅力ある子ども施策を行う自治体を選び、新たな我が家を構え、引っ越す層が増えています。

私が市長に就任してから、明石市のやさしいまちづくりに多くの方々に共感いただいた結果、実際に明石市民になる人は大幅に増えました。減り続けていた人口が10年連続で増え、過去最多を超えていくほどの大きな注目を集め続けています。

まちの施策を意識して引っ越してきた市民は、選挙に行くことが多いように感じています。

政策や方針が変わるようなことがあれば、本当に困る。そのまちの子ども施策は、自分たちの暮らしの前提、日常生活に欠かせないセーフティネットになっているからです。自分ごとですから、まちの動向に敏感です。市の政策が生活に直結するから、きっちりとチェックが入るのです。

２０１９年の私の出直し市長選、得票数は８０７９５票。得票率は7割。中でも30

代の得票率は9割です。投票所の前にはベビーカーの行列ができました。まちの誰もが驚いたことでしょう。象徴的な光景でもありました。

もはや「シルバー民主主義」一辺倒の時代は終わりました。明石では「子育て民主主義」とも言える動きが根付きつつあります。転換が必要なのは、明石だけではないはずです。

今はSNSなどでどんどん情報が入ってきます。口コミも拡散しやすく、全国各地のリアルな状況も容易にすぐ調べられる時代になりました。

明石市には兵庫県内はもとより、他の地域からも人が集まってきました。以前は神戸や芦屋、西宮など、高級住宅街を有したブランドイメージの高いまちが安定した人気を誇っていましたが、それでも近年、「住む場所によって自分たちの暮らしが変わる」というリアリティもかなり重視されるように変わってきました。

市民の選択が多様化し、私が生まれ育った「魚のまち明石」も、多くの人々に選ばれる時代に変わったのです。

大阪や神戸のベッドタウンである明石市と同様、首都圏への通勤が可能で「東の流山、西の明石」と言われるほど子育て支援に力を入れている千葉県流山市では、送迎保育ステーションなどのハード整備、就労場所の確保など、市民のニーズを汲んだ子育て施策を展開し、高い注目を集め続けています。

一方で2021年の「全国戻りたい街ランキング」で明石市に次ぐ2位の福岡市、その特徴の1つは、ベンチャー企業支援も含む幅広い経済対策です。アジアの玄関口に位置する大都市ですから、明石市とは政策が違って当然です。

それでも3つの市に共通しているのは、まちの現実を客観的に判断していること。市民の声と政治の限界のはざまで可能性を探り、我がまちの立ち位置、時代状況を踏まえ、行政にできる効果的な手段を選択している。だからこそ多くの人が、そのまちの施策を評価するのでしょう。

お上に従い漫然と全国一律でやってきた従来のやり方、思い込みを脱して、自治体が自ら改革を進めていける時代です。自分の住むまちだけでなく、他のまちの政策も日頃からしっかりチェックすることをお勧めします。自分にも、家族にも、自分のまちにも役立てることができるはずです。

変わらないのは、私たちの責任

日頃からチェックすべきは、自治体の政治だけではありません。国の政治も私たちの生活に直結しています。

あまりにも一般の市民感覚からかけ離れた政治家が多い。そう思う方も多いでしょう。国会議員のあきれた言動が、日常的によく報道されている残念な状況です。

「最初は志があったのに、初心を忘れている」。

そんなふうに思うかもしれません。でもそれはフィクションです。

企業や団体の応援で当選した議員は、最初から一般市民よりもその企業や団体を見ています。それに加えて政治家からの口利きを期待して、企業や団体などから献金の打診も山ほどあります。さらに国会議員ともなると、空港やフライト、鉄道だけでなく、都心の一等地の宿舎などで優遇を享受できる。置かれた環境が過剰な特権につながり、さらなる勘違いを生じさせる。そのしわ寄せを受けるのは一般市民です。

そんな中でも、与野党を問わず多くの心ある国会議員が関心を持って、明石市まで視察に来てくれました。明石市の取り組みは国でも可能。高い政策効果に大いに期待して、国会質問でも明石市のことがしばしば取り上げられています。「やさしい社会を明石から」。全国に広げていく動きが、次第に広がっていることを実感しています。

かつての右肩上がりの時代は、潤沢な国費を分配するのが地方を代表する国会議員の役割になっていました。地元のさまざまな課題をどんどん国に挙げ、次々と予算をつけてもらう。そんな仕事ぶりが「力のある政治家」との評価になっていました。

しかし今は、停滞が続く時代です。

要望されてもお金が出せない。簡単に予算はつかず、既存の政策や制度すらも見直さないと持ちこたえられないような状況です。旧来の国会議員の感覚のままで振舞っても成果は上げられず、むしろ時代の流れに逆行してしまいます。

ほとんど車の通らない道路の新設工事、ほぼ誰も使わない公共施設の維持管理など、まるで企業の既得権益を守るかのような公共事業は、その典型です。

日本の政治のしくみは、明治維新のころからほとんど変わっていません。当時最先端だったフランスやドイツから制度を取り入れたときのままの発想です。お手本にした国々はとうの昔にアップデートしているのに、日本だけが古いしくみを守り続けているのです。

国会議員の構成を見ても、古い体質であることは明らかです。裕福な家庭で育った、障害や病気のない、男性、が多数を占め、多様性の真逆のような構成になってしまっているのです。そんな集まりには、自ら変える発想も力も生まれないでしょう。

ドイツの国会には「連邦議会」と「連邦参議院」があり、連邦参議院は各州の代表で構成されています。日本で言えば、全国の市区町村のトップが国会議員を兼ねているようなものです。また、男女比を平等に近づけるために「クオータ制」を導入している国も複数あります。フランスの県会議員選挙は「ペア制度」を採用しました。男女ペアでないと立候補できない制度です。さらに、アフリカのルワンダは「国会に障害者の議席を必ず設ける」と憲法で定めています。

さまざまな国が、時代に合わせてしくみを変えているのに、日本だけ旧態依然としたまま。いまだに既得権益を持つ人たちに「権力」を預け続けているのです。

既得権益を守るしくみは強固です。何の行動も起こさずに文句を言っているだけで変わるほど甘くはありません。変わらないのは行動しない私たちの責任でもある。私たちが変えていくしかないのです。

権力は「市民のため」にある

いわゆる「権力」と聞くと、既得権益などと結びつき、悪いイメージしか浮かばない人も多いかもしれません。社会的な力が国民のために適正に使われていない。そうとしか思えない。だから良いイメージが湧かないのだとは察します。

でも本来、権力そのものは善悪で語るテーマではありません。

誰のため使うのか。どう使うのか。今の政治家は往々にして、そこが間違っているのです。

とりわけ国会議員が使う権力は「国民のため」にあるはずです。

世の中の「できない」を「できる」に置き換えていく大きな力。その行使と成果には、国民の思いが託されています。真摯に、そして適切に行使していく重い責務がともなっています。

それなのに今の日本では、いびつなカタチで力が使われているのではないか。「ごく一部」の「既得権益者のため」に権力が濫用されているに違いない。権力を振りかざし、好き勝手している政治家は悪いヤツだ。だから「権力は叩くべき」ものだ。そんなふうに、ずいぶんとぞんざいな扱いをされている気がします。権力を握る政治家はまるで悪代官、大げさにワイドショーの俎上《そじょう》にも載せられてしまう状況です。

地方自治体のトップにも大きな「権力」が集中しています。地域利権を差配できる立場にもあります。実際、こんな私のもとにすら、選挙が終わるたびに「応援してやったのに」と文句を言う恨みがましい声が聞こえてきます。

近しくても支援者でも誰にでも、便宜など一切図らないからです。そんなことは当然です。選挙で応援しようがしまいが関係ありません。住民の声を聞き、住民のために良いと思う施策をする。それが首長の使命・役割です。

冷たいまちをやさしいまちに変えるため、子どものころから市長になることを望み、40才を過ぎてようやく市長になりました。困っている人に手を差し伸べ、やさしい社会をつくることが使命。私が市長として持つ権力は、当然「市民のため」に使う。実際にこの12年間、あたりまえのことをしっかり続けてきました。

既得権益を守りたい人たちには、さぞかし邪魔な存在に映ったでしょう。

就任前から今でもずっと、数多くの嫌がらせや悪口も言われ続けています。殺害予告もされるような身です。それでも根っからの市民派です。たとえ文句を言われても、恨みを買っても、脅されても、そんなことで私の政治姿勢は変わりません。

どんなことがあっても「市民のため」に。

自分たちのまちを、自分の望みを託せるのは誰か。未来を選び、政治家を選ぶことができるのは、あなた自身です。決める権利をあなたが持っているのです。

まちづくりのバトンをつなぐ

「市長としてやりたいことは、どのくらいできましたか？」

取材で、よく聞かれる質問です。

「最初の5年間は1割ほど。3年前は2割、今は3割程度でしょうか」。そんなふうに近頃は答えていました。

「少ない」と不満を述べているのではありません。自分がやりたいことを任期中に全部できるだなんて、初めから思いもしませんでした。そもそもやりたいことなんて、山のようにある。あれもこれも、やりたいことだらけのうえに、まちづくりに終わりはないのです。

それでも就任当初からの議会との軋轢もありましたから、3期12年間で市長としてできることは、かなりやれたのかもしれない。そんな気もしています。

市長という仕事は、駅伝のランナーみたいなものです。

1人でまちづくりのスタートからゴールまでたどり着くなんてことはできません。「やさしいまちづくり」は、これからもずっと続きます。

人生を捧げるつもりで責任感を胸に、私の受け持つ区間を全力で走り続けてきました。中間走者ですから、途中までしかできないこともある。はっきりと最初から意識していました。最善を尽くすために、市民の顔を見て、声を聞く。時代状況や世間の風を読みながら、その時々に応じてもっともふさわしい施策を次々と置き続けたこれまでの12年間です。

これからの「やさしいまちづくり」は、私の後に続く「誰か」に引き継いでもらうしかありません。自分でゴールテープは切れない仕事です。次の人につなぐまで、市民から与えられた任期の間、ベストを尽くし続ける。たすきを渡し切るまで、ひたすら全力。それが自治体の首長としての私の矜持です。

政治をあきらめるな

2005年、郵政解散の衆院選で落選し、悔しさの中でこんな文章を書きました。

私は、私をあきらめない

私たちの社会は、私たちがつくっていける社会であり、
私たちの社会は、私たちが支えていける社会であり、
それを変えていくのが、まさに選挙にほかならない。
「有権者たる国民を信じる」
そう言い切って、前回の総選挙に、はじめて立候補した。
そして、8万0061名の思いを受け、
国会というところで仕事をする機会をいただいた。
今回、8万3380名の思いを受けつつも、
国会での仕事は中断せざるをえなくなった。

審判の結果については、戸惑いと落胆を禁じえないが、
これもまた、私たち自身の選択なのだと、受けとめている。
私たちの社会は、まだまだ未熟だと思う。
その未熟な社会をいまだに変えていけずに立ち止まっている私たちもまた、
まだまだ未熟だと思う。
候補者であった私自身が未熟であったのはいうまでもない。
まだまだ、これからなのだ。
私たちの社会も、その社会をつくっている私たちも、
そして、その私たちのなかに含まれるこの私も。
私は、私をあきらめない。

当時も、今も、変わらず同じ思いです。

生きている限り可能性は開かれていく。思いを胸の内に抱えているだけでは、政治は変わりません。声を上げ、行動に移さなければ、何も変わらない。

しょせん人間の能力や障害なんて、誤差の範囲でしかありません。私自身、常に少数者の側にいると感じ続け、何かあると真っ先に排除される対象は私だ、常にそうい

う意識を持って生きてきました。

自分の限界を感じるからこそ、子どものころから努力を重ね、今も全力で走り続けています。努力は報われないかもしれない。それでも、こんな冷たい社会を何とか変えようと、手を緩めることなく力を尽くしてきた立場です。


私たちの生活は政治と深く関わっています。直につながっているのです。

政治をあきらめることは、あなたの未来をあきらめるようなもの。その陰で得をするのは誰かをよく考えたほうがいいでしょう。社会を変えるもっとも現実的な方法は「政治」だと、私は信じています。

私は、私をあきらめない。政治をあきらめない。

あなたも、あなたをあきらめないでください。

あなたにも「社会を変える」ことは「可能」です。

ともにがんばりましょう。

「明石市の今の施策は、市長が代替わりしても
大丈夫なのか」との質問にお答えします。
もちろん大丈夫です。
明石市の施策は「誰が市長であっても持続可能」
かつ「どこの市長であっても実現可能」なものばかりです。
市長として、その点にも心がけて、
施策を具体化してきました。ご安心ください。

終章　いくつもの責任

2022年7月、「8月末までに市長を辞任しなければ殺す」という殺害予告を受けました。それが報道されると脅迫の数はさらに増え、殺害予告の合計は百数十件にもなりました。

警察に被害届を出し、自宅周辺に監視カメラが設置され、パトロールも強化されました。それでもいまだに犯人は特定されていません。家族のことも心配です。「殺す」と言われたら、やはりキツい。家族の心にも暗い影を落としました。

あまり公には発言してきませんでしたが、殺害予告を受けるのはこれが初めてのことではありません。市長になり、公共事業を削減し始めた直後から「殺す」とか「天誅下る」と書かれた手紙が自宅ポストに投げ込まれてきました。生き物の死骸や汚物を玄関前に置かれたりもしました。12年間もの長い間、家族にずっと怖い思いをさせたこともつらく、しんどかったのが正直なところです。

当然、私自身にも恐怖はありますが、私には市民との約束がある。市民に選ばれた者の責任がある。何より子どものころに誓った、冷たい社会を変える使命がある。逃げだしたり、投げ出したりする選択肢など、最初から持ち合わせてなんかいないのです。悲壮な覚悟で市長の職を務め続けてきました。

いくつもの責任がある

２０１９年の市長選が行われる３ヶ月前のこと。市職員への2年前の暴言音声が突如マスコミで流されました。昔の私の発言とはいえ、許されないことであり、責任をとって辞職しました。しかし思いがけないことに、子育て層と若者を中心とした市民による自発的な署名活動が始まりました。5千筆もの署名と熱烈な出馬要請を受けて、もう1度市長になるチャンスをいただきました。ご存知の方も多いことかと思います。

もう戻ることなどできない。そう思っていたので、署名活動を知ったときは驚きました。投票所の前にベビーカーの行列ができていた光景も、強く印象に残っています。「途中で辞めるなんて無責任です」「明石市の施策に魅力を感じたから引っ越してきた。責任をとってください」という声も心に響きました。

批判を受ける覚悟で出馬を決意。結果は8万あまりの票が集まり、70％の得票率。30代では9割の支持が集まり、再び市長に戻ることができました。特定の有力者ではなく、市民一人ひとりが大切な1票を私に投じてくれた。これまでやってきた施策を理解して、私を信じて再度市長に選んでくれました。

期待に応えよう。よりいっそう、市民のためのまちづくりをする。そう誓いました。しかし2022年10月、市会議員への暴言が報道され、私は半年後の2023年4月の任期満了をもって、市長のみならず政治家を引退することを決意しました。明石市民と、全国の応援してくださっている方々の期待を裏切ることになり、本当に申し訳ない思いです。心よりお詫びいたします。

政治家としての責任のとり方について、そして今考えていることについて、改めてお話ししたい。このため終章を設けて記すことにしました。

「責任」は私にとって、とても重要な言葉です。

政治家は責任をとるのが仕事。責任をとる覚悟があるからこそ、権限を行使しうる。これまでも常に、政治家の使命・責務を強く意識しながら政治にたずさわってきたつもりです。

今回改めて政治家としての責任について考えたとき、現時点で、私には3つの責任があるとの認識です。

1つは、暴言を吐いたことへの結果責任。2つ目は、私を市長にしてくれた市民(有権者)への政治責任。3つ目は、明石市に期待し、応援してくださった全国のみなさんへの社会的な責任です。

暴言の責任

まずこのたび、２人の市議会議員と１人の元議員に暴言を吐いたのは明らかな事実です。言い訳などできません。

言い訳するのは政治家の仕事でも、とるべき態度でもない。結果に責任を負う。それが政治家です。ましてや暴言で１度辞職し、２度と吐かないと約束して市長に返り咲いた。それなのに、またしてもやってしまった。このうえは前回と同じ方法では済まない。済まされない。より厳しい対応で臨むべきだ。そのように考え、市長のみならず政治家をきっぱり引退するしかないとの思いに至りました。

「どうせまた出直し選で復活するつもりやろ」「知事選か?」「国会議員か?」という不本意な勘繰りや憶測を打ち消すためにも、決意をすぐに公表しました。

暴言の理由は「問責決議」ではありません。直接関係するようなことではないのです。マスコミの報道は記者の思い込みや、片方の取材による言い分どおりで、事実ではありません。

私も元マスコミなので、その特性はわかっているつもりです。マスコミとはそういうもので、そのことをどうこう言うつもりはありません。政治家が暴言を吐いた以上、マスコミから叩かれるのは仕方のないことだと認識していますが、今回の報道の多くは間違いだらけです。

問責決議には何の法的拘束力もなく、私にとっては大きな意味を持たないのです。本気で市長の責任を問うなら「不信任」を決議すべきですが、そうすると議会解散になりかねない。選挙になるのは困るので、議員が自分たちの保身を図ったうえで、市長へのせめてもの嫌がらせとして提出するのが「問責決議」なのです。

議会の多数派とは、市長に初当選して以来、ずっと緊張関係にありました。12年間続いた反対派の嫌がらせに耐えかね、積もりに積もった怒りが爆発したのが今回のことです。

市長として常に市民の声を聞き、市民のニーズを把握して施策を決定してきました。

それなのに、党利党略、議員のメンツなどに触ったのか、ことあるごとに嫌がらせをされてきました。中学校給食の実施ですら、早い段階から嫌がらせを受けていました。爆発した怒りの頂点は、昨年、２０２１年夏のこと。「市民全員・飲食店サポート事業」に関する議会の対応です。

長引くコロナ禍で、市民も事業者も疲弊していました。市としてできる支援を精一杯、スピード感を持って実施する。これまでと同様の趣旨です。

市が市民全員をサポートし、その市民全員で飲食店をサポートする提案をしました。市民全員に5千円相当のサポート券を配布し、大変な状況になっている市内の事業者をまちぐるみで応援するしくみです。サポート券事業は元々公明党会派の案でしたし、自民党会派とも事前調整は終わっていました。今まさに市民の悲鳴が聞こえているという状況で、必要性、急務であることも事前に説明し、了解も得ていました。

なのに急遽、本会議の場で継続審議とされたのです。

何をしてくれるのか。市民や事業者を犠牲にしてまで嫌がらせをするのか。怒り心頭の思いでした。

緊急ゆえの経費はかかりますが、税金の無駄づかいなどではありません。

そもそも市長として行政の無駄を削り続けてきた10年間です。その時点でベストの方策だった。今でも確信しています。それなのに議会は、市民をないがしろにするような禁じ手を繰り出してきた。そんなふうにも思えました。

議会の言い分は単なる言いがかり、「市民」と「議会のメンツ」、どちらを選ぶかという局面であれば、市民に選ばれた市長として、選ぶのは当然「市民」です。緊急時の行政運営の遅れや滞りを防ぐため、ルールどおり、市長が議会の議決に代わる意思決定をする「専決処分」を行って、市民のために事業を開始しました。

マスコミはトラブルが好きなのでおもしろおかしく報じましたが、市長として市民のために決断しただけのことです。

「専決処分」は地方自治法に基づく市長の権限であり、とりわけコロナ禍で全国各地の自治体で施策の迅速な実施のために多用されている適切な手法。当然、違法であるはずがなく適法です。

しかし、その専決処分によるサポート券の発行が、当然ながら多くの市民の評価を得たことで、議会の怒りはさらに大きくなったような気がします。それ以来、議会との関係は修復困難なまでになり、正直なところ「これで議会との関係は終わったな」との思いがしました。

翌2022年度のサポート券事業ではさらなる経費削減が実現したことを取り上げ、

「昨年の事業は無駄づかいだった」と声高に主張する議員もいますが、2021年時点とは社会状況が異なり、前提が違います。同じ土俵の話ではないのです。

私は税金を大事にする厳しい姿勢でまちづくりをしてきた立場です。その時点で削減できることなら、市民のためにとことんやり切る。無駄な経費を使うなんて許すはずがありません。それでもいまだに事実と反する批判を繰り返されています。

議会との関係がさらに悪化し、しんどい思いで市政運営を続ける中で、自分が市長でいる間に、せめて優生保護法の被害者支援だけはとの思いで、2021年の9月議会に条例案を提出しました。しかし、議会多数派に賛成いただけず、1度目は委員会では可決されたものの、本会議で否決されてしまいます。

2度目は、議会で指摘された部分を修正して再提出しましたが審議すらしていただけず、議会多数派の態度は市民の応援とは対照的でした。3度目に12月議会に再々提出した際、障害者団体のみなさんが「市長が動くとかえって反発される。自分たちが動くから、市長はじっとしといて」と立ち上がり、議会への説得をしてくれました。そのおかげもあり、ようやく公明党会派が賛成に転じて、「優生保護法被害者支援条例」が成立しました。

本会議場で可決された瞬間、思わず涙してしまいました。

本会議後の報告会で、「みなさん、ありがとうございました。これは市民がつくった条例です」と述べたとおり、心からの感謝と感動で胸が一杯になりました。一方で、市長としてできることはここまでが精一杯かなという思いもしていました。

そしてその日、10年間手をつけていなかったツイッターを始めたのです。

ツイッターを始めてから、脅迫めいた嫌がらせは加速しました。年が明けて2022年の7月に受けた殺害予告の内容は「8月末までに辞めなければ殺す」。つまり9月議会までに市長を辞めさせることが目的です。

自宅周辺の監視カメラを24時間警察が見ている状況で、家族は玄関を開けるたび、買物に出るたびに見られているわけですから、相当気疲れします。パトロールに来るたびにポストに「パトロールに来ました」というメモを入れてくださるのですが、そのメモが貯まっていくのはありがたい反面、居心地悪く、精神的にしんどい日々が積み重なりました。

今回の決断に対し、「なぜ市長辞職ではなく引退なのか」と多くの方に聞かれます。前回よりも重い責任のとり方として、「政治家引退しかない」。そう判断するに至りました。

そもそも政治は本来「国民」「市民」こそが主人公です。単に選挙で選ばれた政治家だけがするものではありません。この考えは、政治家になるずっと前から変わっていません。選挙に出ないから政治と無関係というなら、間違いです。

現に明石のまちは、市民とともにつくってきました。それこそが政治です。政治は政治家だけのものではない。政治はみんなでやるものです。

ただ、政治家になったほうがよりスピーディに大きな変革ができます。だからこそ立候補して、市長という立場になりました。それでも、国会議員や市長になるずっと前、大学に入学して上京後すぐに優生保護法反対のデモに参加したときから、国民の1人として、一貫して政治に関わってきました。

その立場からすると、国会議員や市長でなくなったら政治ができないということは決してない。子どもたちのため、障害者のために力を尽くすことを政治と呼ぶなら、政治家を引退して立場が変わっても、政治に関わり、政治を変え、政治を良くすることは必ずできる。そう確信しています。

今の心境ですが、就任時から市長は3期12年までという思いもどこかにあったので、特に無念ということはありません。

ですが、前回暴言で辞職したときは、道半ばで無念の思いが強くありました。あんな状況にもかかわらず市民から「もう1度がんばれ」と言われたからこそ、復活してからはブレーキをかけた安全運転ではなく、むしろアクセルを踏み込み、「市民のために」をさらに加速してきました。

議会に忖度するのではなく、「戻ってきてくれ」と期待してくれた市民に対してベストを尽くす。議会との対立は激化しましたが、まずいことをしたとは思いません。市独自のコロナ対策、養育費の立替え支援、水上バイク条例、インクルーシブ条例と次々と新たな施策も展開し、精一杯務めてきた。やるべきことは一定できてきたとの思いです。

市民への責任

引退は決意しましたが、急に辞めると混乱を生じ、周囲に迷惑がかかります。

何より急に市長の職を辞することは、3年半前にもう1度「市長をやれ」と信任してくれた市民を裏切ることになる。政治家として、残りの期間しっかりと仕事をして、次の市長に引き継ぐまでが責任だと判断し、任期満了を「区切り」と表明しました。辞めることで抵抗勢力と闘う必要もなく、暴言を吐くような場面も生じない。残る任期の間も引き続き、市民への責任をしっかり果たしたいとの思いでいます。

市民への責任は、3つあると考えています。

1　任期中ベストを尽くす

残りの期間だからと漫然と過ごすわけにはいきません。2度もこんなことがあったのに、今なお辞めないでと応援し続けてくれる市民に対する責任は、残る期間、さらに市民のためにできることをやり遂げることで果たしたい。しっかりと形にして去っていきたい。ゴールが近づいて、最後の力を振り絞ってさらにペースを上げて走り切り、たすきを渡して倒れ込む。そんなイメージです。

2　私がいなくなっても大丈夫にする

10月12日に引退を表明してから、ずいぶん多くのご意見が寄せられました。市役所への意見の96％は「辞めないで」。市内を歩いていても、次々と慰留の声をかけていただきます。

とはいえ決意は固く、撤回はしませんが、市民に対して無責任に職を投げ出すことなどできません。今の明石市政をしっかりと続けていける体制をつくらなければいけない。そんな責任をひしひしと感じています。

次の市長に誰がなるかは、とても重要です。次の市長候補を市民といっしょに応援し、当選させる決意です。市長を選ぶのはあくまでも市民。市民が選びたいと思う方に立候補していただけるよう、ベストを尽くしたいと考えています。

この12年間、議会多数派の嫌がらせにはずいぶんと苦労しました。

次の市長には同じ苦労をしてほしくない。市民のための政治をともに担う議員を増やし、多くの市民の思いと、現多数派との捻じれ現象を解消する必要も感じています。

明石市の場合、市議会議員は１７００票程度で当選します。市民全体の代表というよりも、特定の団体の代表にもなりうるので、そのことが捻じれを生じさせてしまいます。

市民の思い、まちの世論がしっかりと反映できる議会構成になるよう、今の市政を継続させることができる議員を増やし、定数30人のうち半分超の16人にはなるようベストを尽くしたい。私がいなくなっても、次の市長が無駄な苦労をしなくてすむよう、やりやすい体制をつくってから去っていく。そんなつもりでいます。

「市長が代わったら昔の明石に戻ってしまう」「明石市の子育て支援が全部白紙に戻ってしまう」と心配する声もありますが、心配無用。大丈夫です。

私は「0」から「1」をつくるのが得意なタイプです。それが私の使命・役割だとの思いで進めてきました。「やれない」とみんなが思い込んでいることを最初にやる。何もないところから新しい施策を立ち上げる。それには強い思いと、パワーが必要です。与えられた期間に精一杯、市政改革をして、私がいなくても大丈夫な状態にして次の人にバトンを渡したい。市長になる前からそう考えていました。

この12年間で明石のまちの方針、「こどもを核としたまちづくり」や「すべての人にやさしいまちづくり」などの基本コンセプトは確立していきました。それにともなう施策、関係条例もしっかりと整備を図ってきました。主な条例をいくつか例示します。

・手話言語・障害者コミュニケーション条例
・成年後見任用確保条例
・障害者配慮条例
・こども総合支援条例
・犯罪被害者支援条例の改正
・更生支援・再犯防止条例
・コロナ感染者支援・差別禁止条例
・優生保護法被害者支援条例
・認知症あんしんまちづくり条例
・インクルーシブ条例

とりわけ全国初の施策などは、誰が市長になっても安定的に続くように次々と条例化しました。

条例化の目的は他にもいくつかあります。

まず、市民の代表である議会に真正面から問い、理解、賛同を得て制度化し、成立後は協力いただける流れをつくること。安定した予算確保と、継続した施策実施の裏付けにすること。制定過程のパブリックコメント、制定後の広報での周知などにより市民の理解・共感を得ること。そして何より、誰が市長になっても安定的に施策が続く、時間的普遍性を考えてのことです。

また、先例ができれば他の自治体もマネがしやすくなります。施策を全国に広げやすいよう、空間的普遍性も意識しています。

もはや市の財源についても心配はありません。今の施策を継続する財源は十分にあります。

明石市の予算についても一部批判がみられますが、勘違いされている方が多いようです。グローバルスタンダード、あえて言うと「あたりまえ」の予算配分に適正化しただけです。しわ寄せの生じない、バランスのとれた予算編成を心がけてきました。

もしこれ以上の改革、たとえば子ども予算を2倍から3倍にすれば歪みが生じるでしょう。次の市長が困らないように、市政全体のバランスを考えて施策を展開してきたつもりです。意外かもしれませんが、市政運営に関して私はかなりの慎重派です。自分が市長の間だけよければそれでいいという考えなら、もっといろんなことが実現していたはずです。

市の貯金である基金残高は、２０１０年度の70億円から、２０２１年度には１２１

億円に、51億円増えています。「5つの無料化」などの施策を継続しても、さらに貯金が貯まる程度には余裕を持たせています。次の市長が今の施策を続けたうえで、さらに新しいことに取り組むことも可能なのです。

12年間、市民といっしょにまちづくりをしてきた実感として、市民は今の路線の継続を望み、選挙でも今の政策を継続する市長を選ぶ。そう信じています。

私が市長でなくなっても、明石市民はもう大丈夫。今のまちづくりを応援している多くの市民が、今現在も明石に住み続けているのです。

こども食堂も、里親も、認知症サポーターも。すべて市民とともにやってきました。弁護士として、社会福祉士として、明石で活動していたときからの仲間には、市長就任後も支えていただきました。

心ある市民がいる以上、これまでの取り組みが後戻りすることはない。12年間、ともにまちづくりをしてきた市民こそが私の、そして明石の「宝物」です。

3　国や県を動かす

市長を辞めても私の明石ＬＯＶＥは変わらない。今後の人生も明石市民のために力を尽くしたい。明石市長の立場で明石市民のためにできることはある程度やり切ったので、次は、明石市民のために国や県に働きかけ、政治そのものを良くする。その必要性を強く意識しています。

市は国のように貨幣を発行したり、自由に国債を発行したりできるわけではないので、明石市の財政規模を考えると、予算的には今がちょうどバランスがいい状況と言えるでしょう。ただこれ以上、明石市単体で予算を大きくシフトすると、いろんなところにしわ寄せが生じかねません。そのリスクを考えると、市長としてできることには限界があります。

国や県を動かし、その結果、明石市が自腹で実施している事業に国や県が新たに予算をつけてくれたら、市の負担が軽減され、市としてさらに新しい施策ができます。

国が幼保の無償化を実施したことにより、明石市独自で第2子以降の保育料無償化にかけていた約4億円の予算が不要になり、中学校給食の無償化が実現しました。

同じように今後、国や県が、明石が実施している「5つの無料化」を実施すれば、市の自腹での負担が減り、明石市は一気に数十億円の予算が浮きます。小学校給食や、第1子からの無償化など、さらなる施策が可能になるのです。兵庫県が知事の公約にあるように小学校の少人数学級を実現してくれたら、市が独自で少人数学級のために教員を雇用している経費が必要なくなり、次の新たな施策に進むことができます。

このように国や県を動かすことは、明石市民のためになります。市民の暮らしに直結する大事なことなのです。そのうえ国が動けば、全国の国民も助かる。「やさしい社会を明石から」で示しているように、明石から先駆的に始めることに加え、「明石から全国に広げる」ことにも強い思いがあります。

社会への責任

2021年12月21日、12月議会の最終日、「優生保護法被害者支援条例」が可決されました。ここまでよくたどりついたという感慨と、これ以上新しいことをするのは難しいかもという思いが交錯しました。

この日ツイッターを始めました。やさしい社会を「明石のまちから始める」に力を入れてきた段階から、「明石のまちから広げる」に舵を切った瞬間です。

私が市長として明石でできることに限りも感じる状況の中で、明石でやってきたことを、全国に、国に、働きかけていきたい。そうすれば新たな展開が生まれるとの思いで、発信を始めたのです。

これまでも一貫して、明石でできることは全国どこのまちでもできる、まして国は当然できると言い続けてきました。旧態依然の発想を転換し、リーダーが腹をくくりさえすれば、明石市の施策は明石市以外でも、国でもできるとの思いは今も変わってはいません。

今の政治のままでは、国民は幸せにはなれません。それは明らかです。

明石市の子ども施策は、最初のころは「やり過ぎ」「市長が剛腕だからできるだけ」とも言われましたが、最近では参議院の参考人として話をする機会もいただき、その動画はＳＮＳなどで広く拡散されました。

国会の代表質問でも度々明石市の施策が取り上げられ、地方自治体や国会、地方議会などからの視察も殺到し、関心が高まっています。明石市の施策は、誰が市長でもできる、普遍性のあるものばかりです。今後は自治体や国に働きかけて、市民のための施策を全国で実現していきたいとの思いがいっそう強いものになりました。

「養育費の立替え」や「水上バイク対策」などの数多くの施策は、本来国がやるべきこと。国が動こうとしないから、やむなく明石市がやってきた施策を本来やるべき国にやっていただけるように働きかけたい。幸い、水上バイクや所得制限撤廃については すでに議員立法がつくられるなど、動きは広がっています。いずれも、どの政党の支持者にも関係することなので、超党派でやっていただきたいと念じています。

すでに複数の首長や政党から声をかけていただいているので、今後はアドバイスや議員立法のお手伝いなどもしていきたい。霞ヶ関の官僚との関係も良好なので、私のノウハウをお伝えしていきたい。政治に関わりやるべきことは、まだまだたくさんあるのです。

たとえ政治家を辞めたとしても、今の間違った状況を変えていく責任は背負い続けるつもりでいます。政治を変えるのは、政治家だけの仕事ではありません。政策の趣旨を正確に伝え、誤解があればしっかり解いていくのが私の役割だと認識しているので、これからも発信は続けていきます。

「市長、ちゃんと寝てはる?」「たまには休んでな」

いろんな人から心配されます。ありがたいことですが、ゆっくり寝るのは死んでからと決めています。それまでは精一杯走り切りたい。この瞬間も苦しんでいる人がいると思うと、寝るのがもったいないのです。

市長であれ、何であれ、冷たい社会をやさしくしていきたいとの思いは変わりません。社会がやさしくなるまで、命ある限り私の復讐は続きます。

振り返り

振り返ってみると、私が厳しい態度をとったり、怒りの矛先を向けたりするのは、基本的に政治家、公務員、マスコミだと自分でも感じています。

理由は、期待が大きいからです。

社会的な立場がある者には、しっかり役割を果たしてほしいという強い期待を常に抱いています。とりわけ政治家や公務員は税金で給料をもらっている「公の立場」ですから、国民・市民のためにベストを尽くすべき、使命と責任があるとの認識です。

それなのに期待に反して、その仕事ぶりに疑問があれば、怒りが沸いてくる。常日頃から国民・市民のために働く政治家であってほしいと願い、市民のために尽くすことが公務員にとっても誇りになるだろうと信じています。

マスコミは税金が給料ではないですが、「社会的意義」というものがある立場だと思っています。ですから、もっとちゃんと取材するべきだ、もっと背景事情も含めて事実を正しく報道するべきだと、つい厳しい見方になりがちです。

私の厳しさは過度な期待の裏返しなのかもしれません。

1　議会へ

地方自治体は「二元代表制」。「市長」と「議会」が対立することは、あらかじめ想定されています。ただ意見の相違が、市民のため、まちのためであってこそ歩み寄ることもできますが、向いている方向がまるで違うと、正直しんどい状況に陥らざるをえません。

最初の選挙を応援してくれた議員は30人中1人だけ。就任当初はほぼ全滅状態からのスタートでした。最近では10人くらいまでは同じ方向を向いてやってくれる議員が増えました。議員の一部には一定の理解が得られましたが、過半数には届かず、残念ながら多数派と歩調が合うことはありませんでした。

象徴的だったのがサポート券事業への抵抗と、「優生保護法被害者支援条例」への反対です。議会の多数が市民と同じ方向を向くようになることを願っています。

そうは言っても、市民の強い応援を受けて、新年度予算や多くの条例については全会一致で賛成いただくことができました。市民のための市政運営には、市民の応援が不可欠だと確信しています。

2　職員へ

市の職員も、当初は非常に冷たかった。今は大半の職員が同じ方向を向いてくれていると思っています。市民からも「明石市役所の職員はやさしくなった」とか「市民に寄り添う態度に変わった」とよく言われますし、「電話かけたら飛んできてくれた」とも聞きます。

「用があるなら市役所に来い」ではなく、職員が出かけていく。市民に感謝され、職員自身もそれを誇りに思い、がんばってくれています。

全国初の施策は「前例主義」にも、「横並び」にも、「お上意識」にも反します。発想の転換の必要な3つの項目すべてに関わるので、当初は「そんなことはとても、到底無理です」という空気でしたが、今や職員から新たな提案が出てくるようにまでなりました。職員もずいぶんと胸を張って仕事をするようになったなと、感慨深いものがあります。

しかしながら、すべての職員が納得しているわけではないと察しています。

予算を増やした部門は良くても、減らした部門は、周りの業者や関係者から厳しく当たられたりして思うところがあったのも、また事実だと思います。

市役所の職員への礼は、市民を代表して、入庁の日にだけ言うことにしていました。「民間でなく公務員の仕事を選んでくれてありがとう、国ではなくて地方自治体を選んでくれてありがとう、中でも一番大変な明石市役所を選んでくれてありがとう」。

基本的に、「公」は尊いと思っている立場です。

公務員は目立たない仕事ですが、一人ひとりの市民に向き合い、寄り添うことができる。こんなに誇り高い仕事はありません。がんばって対応して、市民が喜んでくれる。しんどい顔の人がちょっとほっとした顔になる。笑顔で「ありがとう」と言ってくれる。それこそが職員へのご褒美です。

市長にではなく、市民に褒められる仕事をしてもらいたい。常々そう願っています。

市の職員からしたら、市長は何も理解してくれないと思っているかもしれません。がんばっても理解してもらえないことも多いでしょう。

それでも、他人に評価されないことを気に病むことはありません。良いと信じて働いても、評価してもらえないことのほうが多い。自然なことです。人はわかってくれないものなのです。

誰からも評価されなくても、1人だけ自分を評価できる人間がいます。

それは自分です。

夜、風呂に入ったとき、布団に入ったとき、1日を振り返る。自分がどう行動したか自分自身は知っています。努力したか、さぼったか。嘘をついたか、誠実に対応したのに誤解されたのか。

真面目に仕事したことを、自分がわかっていればそれでいいと思っています。

毎年、新入職員に贈る言葉があります。映画『ライムライト』のチャールズ・チャップリンのセリフ「人生は、あなたが恐れさえしなければすばらしいものになる。そのために必要なのは、勇気と想像力……そしてほんの少しのお金だ」をちょっともじった言葉です。

「人生に必要なのは、やさしさと、かしこさと、ほんの少しの強さ」。

人はよく「あなたの痛みがわかります」と言いますが、私が頬をつねっても、あなたは痛くない。逆もそうです。残念ながら、本当のところは本人しかわからない。それでも想像することはできます。つねられたら痛いだろうな。いじめられたら悔しいだろうな。

その想像力を「やさしさ」と呼びます。

ただ、想像力には限界があることを知っておくことも大切です。主人公は本人です。当事者の話を真摯に聞く姿勢を忘れてはいけない。

小学生のとき、運動会で弟が教えてくれたことです。

「かしこさ」とは、本質を見抜く力です。マスコミで報道されていること、政府が発表していること。すべてを疑えというわけではありませんが、本当はどうなんだろうと自分の脳みそで考える癖をつけなければなりません。

財源がない、仕方がない、自己責任、家族の責任……メディアはパターン化した思考で、かえって世の中をおかしくしています。繰り返される言葉に慣らされず、疑問を持ってほしい。世界は広いです。本当に手立てはないのか、他の国ではどうか、自分の頭で考え、調べるのです。

「ほんの少しの強さ」とは、さまざまな課題や困難にぶつかったときに、やり抜く力です。ポイントは「ほんの少し」です。人はみなスーパーマンではありません。私だってそうです。けれども今より少しだけ強くあろうとする勇気が、いつしか人を本当に強くすると信じています。

ここ数年、市長への意見箱やツイッターで、市民から職員への感謝の言葉が本当にたくさん届くようになりました。市長になってよかったと思う瞬間です。正直、私と仕事をするのは苦労もあったと思いますが、ともに施策を実現してくれた職員には感謝しています。

3　マスコミへ

私自身にも、かつてマスコミへの過度な期待、社会的に大きな意味を持つという思い込みがありました。だからこそ大学を卒業して、社会を良くするためにと、マスコミに身を投じたのです。

マスコミの特性上、その時々のトピックスをセンセーショナルに取り上げがちで、担当する記者と実際の報道がズレることもよくあることです。また、どうしても権力批判、市長批判になりがちです。そのことは、業界で働いたことのある身として理解しているつもりです。

マスコミの洗礼を受け、チェックされたり厳しい批判にさらされることが嫌なら市長に立候補しなければいいのであって、当然、覚悟のうえでやってきました。それでも取材もなく、事実確認も疎かにする報道のあり方については、何かと思うところがあります。

市長を叩くのはかまいませんが、「明石市の取り組みや財政は、この部分にしわ寄せが」というような嘘は書かないでほしい。思い込みや一方的な取材のみで報じるのではなく、丁寧に取材をして、テーマを理解して、趣旨を正確に伝えてほしいという思いはいつもありました。

そうはいっても、最近では明石市の施策を大きく取り上げていただくことも増え、応援いただいたことによって明石市の施策が全国に伝わったのも事実です。マスコミは叩くのも役割、広げるのも役割として、バランスをとろうとしているのかもしれないとも思います。

実際、マスコミの影響力は大きいし、社会的意義も大きい。明石市の取り組みを、今後もしっかりと報道いただきたいと期待しています。

市民への感謝

最後に、市民にお礼を述べたいと思います。

こんな出来の悪い市長を温かく受け入れてくれた市民には、感謝の気持ちしかありません。12年前に市長に送り出していただき、大きな失敗をしたにもかかわらず、もう1度市長をやれと言ってくれた。

まちに出れば手を振り、声をかけてくれる。マスコミの間違った報道には反論してくれる。「誰ひとり取り残さない、やさしいまちづくり」の推進や、条例制定にもずいぶん協力をしていただきました。児童相談所の設置にも一切反対しなかった市民を誇りに思っています。

明石のまちづくりは、市長だけがやったのではない。2千人の職員だけでやったのでもない。30万人の市民とともにやってきたからこそ、今の明石があります。市民こそがまちづくりの主体であると考え、期待もし、頼りにもしてきました。

昔から選挙では、一貫して「みなさん」と語りかける選挙ではなく、「私たち」の選挙をやってきました。最初の市長選も「私たちのまちを私たちでつくろう」がコンセプトでした。

69票差で当選という半端なく厳しい選挙でしたが、「市民と心中する覚悟で」と宣言したとおり、市民とともに闘った選挙でした。

就任後の厳しい時期も市民とともに乗り越え、明石市の「やさしいまちづくり」は、すべて市民とともにやってきました。

市民こそが私のまちづくりの意味を早い段階から理解して、「何があっても泉市長とともにやっていく」と言ってくれました。それが今の、そしてこれからも明石の強みだと実感しています。

明石市民は「明石ＬＯＶＥ」が強い。もちろん私もそうです。

明石を愛し、不出来な市長を支え、ともにまちづくりをしてくれた市民には、いくら感謝をしてもしきれません。心からお礼申し上げます。12年間、本当にありがとうございました。

おわりに

ここで私が寝たら、人が溺れて死ぬ。

受験勉強をしていたころの思いは、還暦近くなった今でも変わらない。

朝起きたらすぐ全力で活動し、昼ごはんも基本はきつねうどんでささっと済ませ、毎晩遅くまで資料を読み込む。まさに受験生のような生活を今でもずっと続けている。

ゆっくりするのは、死んでからでいい。本心からそう思い、全力で走り続けている。

溺れる人を救う。人のために生きる。大学生のとき、両親に言い放った言葉のとおり生きてきたつもりだ。

苦しむ人々を救う存在になる。私の信念は、幼いころから身近にいた、お地蔵さんの姿に重なる。

すべての生きるものを救うまで仏にならないと誓ったという地蔵菩薩。

冷たい社会を変え、すべての人を救いたい。すべての人が幸せになるのを見届けたい。自分自身は最後でいい。

お地蔵さんになりたい。いつしかそう思うようになった。

私の生まれた漁師町には、たくさんのお地蔵さんが立っていた。貧乏な集落、かつて飢饉で間引かれた赤ん坊の供養のために、あちこちに建立されたものだ。

実家の玄関横にもお地蔵さんがあった。幼いころから、おやじとおふくろといっしょに「弟が立って歩けますように」と拝むのが日課だった。学校へ行くときも、帰ったときも、玄関脇の地蔵菩薩に「行ってきます」「ただいま」と毎日、手を合わせた。

大学に入り上京したときには、巣鴨のとげぬき地蔵尊で小さな石のお地蔵さんを買った。明石で毎日手を合わせていたお地蔵さんの代わりだ。その小さなお地蔵さんは、今でも寝室に置いている。

「おまえのしたいことをさせるんが、わしの務めや。おまえのやりたいことを応援する」。

父は言い、「政治家をあきらめろ」と言ったとき以外は、実際にそうしてくれた。

毎朝新聞を読み、「漁師が新聞読んで何になる」と笑う漁師仲間に、「房穂は将来偉くなるから、足引っ張らんようにせんとあかん」と答えていたそうだ。

兄3人を戦争で亡くし、小学校を卒業してすぐ漁に出た父は、賢く、勉強家で、研究熱心。本当はもっと勉強したかったのだろう。自分が思うように生きられなかったから、せめて息子には、という気持ちが痛いほど伝わってきた。

3年前に母が亡くなったとき、近所のおばちゃんが教えてくれた。

「房穂には我慢ばっかりさせてきた。あの子のこと大好きやのに、何もしてやれなかった」「あの子はしたいことをしてるんじゃなくて、しなければならないことをしてるんよ」。

いつもそんなことを言うてたよ、と聞いてその場で泣き崩れた。

おやじとおふくろに恥じない生き方をしたい。お地蔵さんにも胸を張れる人生を送りたい。

私には、まだまだやるべきことがたくさんある。

冷たい社会をやさしい社会に変えるのが、私の使命だ。

泉 房穂

泉 房穂　いずみ ふさほ

明石市長

1963年　明石市二見町生まれ
1982年　県立明石西高校を卒業
同　年　東京大学文科二類入学
1987年　東京大学教育学部卒業
同　年　NHKディレクター
1997年　弁護士
2003年　衆議院議員
2007年　社会福祉士
2011年　明石市長

「5つの無料化」に代表される子ども施策のほか、高齢、障害者福祉などに力を入れて取り組み、市の人口、出生数、税収、基金、地域経済などの好循環を実現。人口は10年連続増を達成。柔道3段、手話検定2級、明石タコ検定初代達人。

Twitter：@izumi_akashi

社会の変え方

日本の政治をあきらめていたすべての人へ

2023年1月31日　第1刷発行
2023年2月21日　第2刷発行

著者　泉 房穂
発行者　大塚啓志郎・髙野翔
発行所　株式会社ライツ社
兵庫県明石市桜町2-22
TEL 078-915-1818 ／ FAX 078-915-1819
印刷・製本　光邦

装丁・デザイン　吉田考宏
DTP　(有)エヴリ・シンク
写真　片岡杏子
構成　大矢幸世
営業　髙野翔・秋下カンナ
営業事務　吉澤由樹子
編集　大塚啓志郎・有佐和也・感応嘉奈子

乱丁・落丁本はお取り替えいたします。

ISBN 978-4-909044-39-6
ライツ社HP　https://wrl.co.jp